진실眞實, 이 책을 여러분 앞에 내놨다

중국 명나라의 학자 이탁오(1527~1602)가 고백했다. "50세 이전의 나는 한 마리의 개에 불과했다. 앞의 개가 그림자를 보고 짖으면, 나도 따라서 짖었다. 누군가가 왜 짖느냐고 물어보면 아무 말도 못했다."

기축옥사 역사 기록이 이와 다르지 않았다. 역사를 자신들에게 유리하도록 해석하거나 거짓으로 지어 썼고, 이를 따라 했다. 430년 동안 그 왜곡된 역사를 무작정 따라한 것이다. 역사가 왜곡됐고, 진실은 묻혔다. 이제는 그 굽혀진 역사의 진실을 밝혀야 하지 않겠는가?

그래서 오늘, 이 책을, 여러분 앞에 내놨다.

유성룡
기축옥사

초판 1쇄 인쇄 2023년 9월 15일

글 양성현 | 기획 양성현 | 펴낸이 양시우 | 펴낸 곳 매거진U
출판등록 제 25100-2016-000056 호 | 주소 경기도 하남시 위례대로 220 101-2105

도서문의 매거진U F 0504-010-2446 E kdata@naver.com

ISBN 979-11-974022-9-6

430여년 왜곡된 역사 바로잡기

유성룡
기축옥사

매거진U

정여립

기축옥사, 새로 쓰다!

430여년 왜곡된 역사, '기축옥사'를 새로 쓴다. 그동안 역사는 기축옥사를 '서인 송강 정철이 동인 선비 1천 명을 죽인 사건'으로 알려왔다. 이게 사실일까? 오늘 여러분께 전한다. 여러분이 알고 있던 기축옥사 이야기를 잊어달라고! 오늘 기축옥사 역사를 새로 쓴다!! 〈유성룡 기축옥사〉다. 이 책은 그동안 가져온 '역사 고정관념'을 뒤흔들 이야기이다. 몸통인 임금을 도와 기축옥사에서 큰 희생자를 낸 실세는 과연 누구이며, 또 기축옥사 기간 큰 희생을 당한 사람들은 누구인가? 이 책엔 이제까지 당연시해온 기축옥사 관련 이야기들을 따져보고, 그 이면에 가려진 이야기를 찾아간다. '주류 동인'과 '비주류 동인' 이야기도 나온다. 기축옥사 발발 전부터 정치는 엉망이었다. 기축옥사가 있기 10여 년 전부터, 조헌 · 이요 등 양식 있는 선비들은 임금 선조에게 "조정을 망친, 파당을 만든 인사들과의 정치가 문제"라고 호소했다. 율곡 이이 등이 내놓은 개혁정치를 봉쇄하고, 양식 있는 선비들을 가두고, 임금의 눈과 귀를 가리는 국정 농단세력으로 '유성룡' 등을 직접 거명해 저격하기도 했다.

contents

발간사

우리 역사의 민낯… 기축옥사 실세 드러내다

"역사(歷史)는 사실을 기록하고, 전달하고, 이야기하는 것이다." 그런데 이 역사가 간혹 어떤 의도나 물리적 힘에 의해 왜곡되기도 한다. 〈일본 역사교과서〉가 그랬고, 〈기축옥사 이야기〉가 그랬다. 기축옥사 기록은 〈선조실록〉과 〈수정선조실록〉이 확연하게 다른 부분이 많다. 이는 당시 그 시대를 지나온 사람들의 입장이 개입돼 서술했기 때문이다. 견해가 다른 정파, 붕당 인사가 실세가 되면서 실록 편찬에도 영향을 끼친 까닭이다. 게다가 임진왜란 때 사초와 기타 편찬 자료가 불태워졌거나 없어져 기록은 오류와 상상을 더해 기록됐기 때문이기도 하다. 〈선조실록〉에 참여했던 동인계 기자헌이나 이이첨이 다른 정파, 특히 서인을 매도하는 경우가 아주 많았다. 이로 인해 왜곡되고 굽혀진 〈선조실록〉이 된다. 이런 이유 때문에 실록을 다시 편찬해야 한다는 의견들이 아주 많았다. 이렇게 해서 나온 것이 〈수정선조실록〉이다. 한번 고착화된 잘못된 역사는 바꾸기가 쉽지 않다. 기억이 기록으로 따라가는 경향이 있기 때문이다. 그렇다고 잘못된 역사를 그대로 쓰고 있는 것도 문제다. 늦었지만 그동안 가져왔던 일방적인 시각을 바로잡아갈 필요가 있다. 나아가 우리의 역사 교과서를 바로잡아야 한다. 동인을 중심에 두고 역사를 바라보는 시각이나, 유성룡의 〈징비록〉사관을 우선시 하는 벽을 넘어서야 한다.

기축옥사는 임진왜란 발발 직전에 벌어진 일이었다. 임진왜란은 예고된 전쟁이었고, 또 충분히 대비할 수 있었다. 그러나 기축옥사가 이를 몽땅 헝클여 놓았다.

파당이 작용한 정쟁 때문이다. 기축옥사로 가려진 것이 많다. △임금 선조의 무능 △당시 집권당 동인들의 잘못된 정세 판단 △일본에 대한 무지 △'전쟁을 대비해야 한다'고 강조한 서인들을 무자비하게 탄압한 것도 모두 감춰졌다. 그리고 맞이한 전쟁으로 조선은 아비규환(阿鼻叫喚)의 현장이 된다.

'내가 징계해서 후환을 경계한다'는 뜻을 표방한 유성룡의 〈징비록〉은 결함이 많은 책이다. 우선 전쟁 발발 전 벌어진 기축옥사에 대한 유성룡 자신의 행적과 자신이 벌인 실책 등이 몽땅 빠졌다. 이런 사태가 임진왜란에 어떤 영향을 미쳤는지가 빠진 것이다. 그리고 유성룡 자신이 기축옥사 기간 어떤 역할을 했는지에 대한 기록이 없다. 게다가 이와 관련된 사초마저 불태워진 것에 당시 임금의 최측근이었던 그가 어떤 입장이거나 혹 방기하지는 않았는지에 대한 기록마저 없다.

〈징비록〉이 '반성문'을 표방했으나 '자기반성'이 빠진 허울뿐인 빛 좋은 개살구 보고서가 됐다. 전쟁을 대비치 못한 당시 조정과 집권 세력, 특히 전쟁 발발 1년 전 서인세력을 무차별 공세로 몰아내고, 이들의 의견을 봉쇄한 실책 등이 유성룡에게 있었지만 이를 통째로 뺐다. 지난 1997년 IMF 외환위기 때 이 위기를 초래한 그 장본인이 쓴 IMF보고서나 마찬가지였던 것이다. 말하자면 〈징비록〉은 420여 년 전에, 전쟁을 미리 막지 못한 당사자가 쓴 전쟁보고서쯤으로 보면 된다. 기축옥사 가해자가 쓴 반성 없는 보고서이다.

임진왜란 바로 직전, 기축옥사가 있었고, 이 기간 주류 동인은 비주류 동인과 서인을 탄압했다. 대대적이고 조직적인 탄압이었다. 이들이 매일 조정에서 하는 일이라고는 '서인 타도!'였다. 이들은 임진왜란을 불과 2-3년을 앞두고 어리석게도 당리당략에 눈이 멀어 상대 당 정치인들을 몰아내는 데 혈안이 됐다. 자기당파 김성일이 "전쟁은 없을 것"이라고 한 '나쁜 보고'를 채택하고, 대대적인 서인들

축출작업에 나선다. 임진왜란 1년 전에 벌어진 일이었다고 믿기 어려울 정도였다. 그 결과는 참담했다. 우리 역사상 가장 참혹했던 전쟁, 임진왜란을 아무 대책 없이 맞게 된다. 유래를 찾기 어려운, 조선 민중 200만 명가량이 이 전쟁으로 죽거나 사라진다.

그 책임은 그 어떤 공(公)으로도 덮기는 어려운 일이다. 그런데 이 반성 없는 기록 〈징비록〉이 우리의 기억을 지배했다. 그것도 400년 넘게.

이를 바로잡지 못한 채 오히려 수백 년 동안 '유성룡 우상화'에 매진한다. 이는 과오(過誤)였던 '역사 국정교과서 입장'과 별반 다르지 않았다. 책임지지도 않았고, 오욕의 역사를 만든 그들이 '전쟁을 극복한 영웅'으로 둔갑했다. 기축옥사 가해자가 피해자로 둔갑했다. 남명계 동인, 호남동인 등 비주류 동인이 주류 동인들에 의해 철저하게 탄압받았지만, 그들은 모두 '같은 동인'으로 위장해 "자신들이 피해자"라고 호소했다. '흑'을 '백'으로, '백'을 '흑'으로 만들었다. '이발의 노모와 어린 자식'을 자신들이 죽여 놓고도 "우리들이 피해자"라고 호소하고 있는 어처구니없는 역사를 만들었다.

역사마저 바꾸려고 시도했다는 정황도 엿보인다. 자신들

이 임명한 사관을 통해 사초마저 불태우고, 그 역사마저 지우려고 했던 것은 아닌지?

오죽했으면 〈선조실록〉에서마저 유성룡을 "임금에게 직간했다는 말을 들을 수 없었다"거나 "기축년의 산림(山林)의 착한 사람들이 잇따라 죽었는데도 일찍이 한마디 말을 하거나 한 사람도 구제하지 않고 상소하여 자신을 변명하면서 구차하게 몸과 지위를 보전하기까지 하였다." 고 평했을까?

유성룡은 조선을 어렵게 만든 붕당의 시대 한복판에 서 있었다. 동서분당(1575), 삼윤사건(1578), 계미삼찬(1583), 기축옥사(1589), 세자책봉 건저(1591) 등을 거치면서 그는 파당의 주도자가 되어 이런 화(禍) 속에 철저히 자신의 파당을 위하고 상대를 무력화시킨 주역이었다.

이 책 〈유성룡 기축옥사〉는 기축옥사의 역사를, 그 오욕의 역사를, 다시 쓰려고 내놓았다. 역사가 숨긴, 유성룡이 숨긴, 우리 역사의 민낯…기축옥사를 낱낱이 드러내 보이려 한다. '유성룡'을, 그의 행적을 직접 거론하기도 했다. '시대적 역사'가 '유성룡'을 소환한 것이다. 책 발간에 도움을 주신 최관, 윤여갑 두 분 선생님께 감사드린다.

글 양성현

유성룡과 임금 선조의 정치

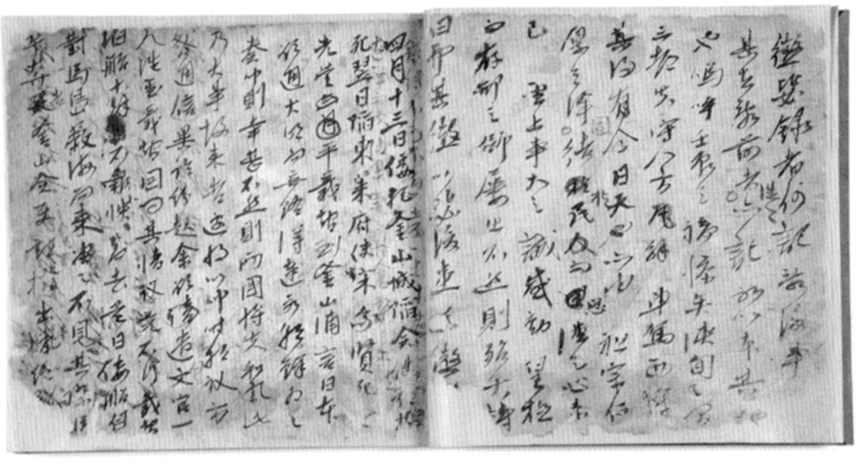

유성룡의 《징비록(懲毖錄)》

우성룡의 졸기에 "임진년의 일을 추기(追記)하여 이름하기를 《징비록(懲毖錄)》이라 하였는데 세상에 유행되었다. 그러나 식자들은 자기만을 내세우고 남의 공은 덮어버렸다고 하여 이를 기롱하였다."고 평가하고 있다.

유성룡과 임금 선조의 정치

〈기축옥사〉는 우리 역사에서 가장 왜곡되고, 굽혀 있는 역사다. 지금으로부터 430여 년 전, 조선은 전쟁의 소용돌이에 휩싸인다. 임진왜란이다. 그 직전 조선은 기축옥사라는 엄청난 피바람 정국 속에 파당이 작용해 공방을 벌였다. 이 당시 임금 선조에게 가장 가까이 한 신하가 있다. 서애 유성룡이다. 그는 당시 임금 선조에게 '측근 실세'같은 존재였다. 당시 임금에게 가장 총애를 받고, 벼락출세한 유일한 인물이 유성룡이었다. 그 기간 당상관에서 영의정 자리까지 수직 상승한 유일한 인물이다. 전쟁 중에 백성은 아니라고 해도 또 영의정으로 세운다. 그의 입을 통해야 임금을 움직일 수 있었을 정도였다.

유성룡이 밀착 보좌한 임금 선조의 정치는 잘 치국됐을까? 1567년부터 1608년까지 선조 재위 41년 동안, 그 정치는 한마디로 한심했다. 특히 유성룡이 밀착 보좌한 1575년 이후 조선 정치는 철저히 망가진 정치로 일관했다. 우선 파당을 조장했다. 1575년(선조 8년)에 있었던 그 유명한 동서 분당은 이들에 의해 조장돼 정쟁으로 치닫게 한다. 이후 동인당은 율곡 이이 등을 철저히 공격한다. 이이가 낸 천민을 양민화 하는 '면천법'이라는 혁신적인 국방강화책이 이들에 의해 원천 봉쇄된다. 장차 일어날 전쟁에 대비하자는 '10만 양병설'도 이와 별반 다르지 않았다.

이들은 '다른 당 공세'로 일관한다. 오죽했으면 1583년 경안령 이요(慶安令 李瑤)가 유성룡 · 이발 · 김효원 · 김응남 등 4명을 동인의 '괴수'로 지목했을까. 유성룡 등이 전권을 휘둘러 나라를 그르치고 있다는 고언을 한다. 조헌 · 양산숙 · 정암수 등도 "임금은 전면적으로 정치를 바꾸고, 임금의 눈과 귀를 가리는 참모를 정리할 때"라고 주장했다. 이들은 정치를 망치고 있는 인사로 '유성룡 등'을 직접 거명하고, "이들 간신배들하고는 정치를 해서는 안 된다"고 호소했다. 그러나 임금은 이들의 요청을 외면하고, 오히려 이들을 가두고, 핍박한다. '개혁정치를 하자'고 주장한 이이와 박순, 성혼, 정철 등을 조정에서 내보내고, 동인들과 한통속이 되어 동인 정치에 치중한다. 황윤길의 "전쟁에 대비하자"는 목소리를 외면하고, 유성룡과 김성일의 "전쟁이 없다"는 의견을 두둔한다. 이로 인해 우리 역사에서 가장 뼈아픈 기축옥사와 임진왜란을 맞이한다. '눈이 먼 정치'는 길을 찾지 못하고 헤맸다. 이들 측근 실세가 임금의 눈을 가리고, 귀를 막은 때문이다. 백성들은 전쟁 · 기근 · 질병의 고통 속으로 내몰렸고, 결국 조선 백성 450여만 명 가운데 200여만 명이 죽는 엄청난 사태가 벌어진다. 직언이 사라진 정치, 그 권력이 클수록, 참모들이 한통속이 될수록, 임금의 눈과 귀는 점점 더 기능을 잃어갔다.

조선을 망국으로 이끈 세 명의 왕으로 선조, 인조, 고종을 들지만, 그 중 가장 치욕적인 첫 번째 임금은 단연 '선조'였다. 백성들의 고통과 희생이 더 컸기 때문이다. 기축옥사와 임진왜란으로 백성들은 전대미문의 고통을 겪을 수밖에 없었다. 유성룡은 그 시대를 관통한 인물이다. 달리 말하면 조선을 망친, 임금 선조의 최측근이 유성룡이었다.
임금에게 직간조차 제대로 하지 못한 정승, 유성룡은 사후에 '혹평'을 받는다. 기축옥사를 주도하고, 임진왜란을 무방비로 맞게 한, 그에 대한 냉혹한 평가다.
"▲임금의 신임을 얻은 것이 오래였었지만 '직간(直諫)'했다는 말을 들을 수 없었고, ▲산림(山林)의 착한 사람들이 잇따라 죽었는데도 일찍이 한마디 말을 하거나 한 사람도 구제하지 않고 ▲상소하여 자신을 변명하면서 ▲구차하게 몸과 지위를 보전하기까지 하였다.〈선조실록 유성룡 졸기〉 ▲

국량(局量)이 협소하고 ▲지론(持論)이 넓지 못하여 ▲붕당에 대한 마음을 떨쳐버리지 못한 나머지 ▲조금이라도 자기와 의견을 달리하면 조정에 용납하지 않았고 ▲임금이 득실을 거론하면 또한 감히 대항해서 바른대로 고하지 못하여 ▲대신(大臣)다운 풍절(風節)이 없었다. ▲《징비록(懲毖錄)》을 썼는데 식자들은 자기만을 내세우고 남의 공은 덮어버렸다고 하여 이를 기롱하였다.〈수정선조실록 유성룡의 졸기〉"

그런 그가 400여년을 지나면서 완전 딴 사람으로 포장돼 부활한다. 기축옥사 정쟁 속 '피해자'로, 또 임진왜란을 극복하게 만든 '영웅'으로 옷을 갈아입는다. 완전한 변장이다. 그것도 상대 당인 서인들을 무참히 밟고서다. '흑'을 '백'으로 '백'을 '흑'으로 역사를 그렇게 바꾼다. 그의 이 같은 변신 · 오욕의 역사가 과연 옳은가? 오늘 이 책에서 따져본다.

기축옥사 어떻게 볼 것인가?

기축옥사 어떻게 볼 것인가?

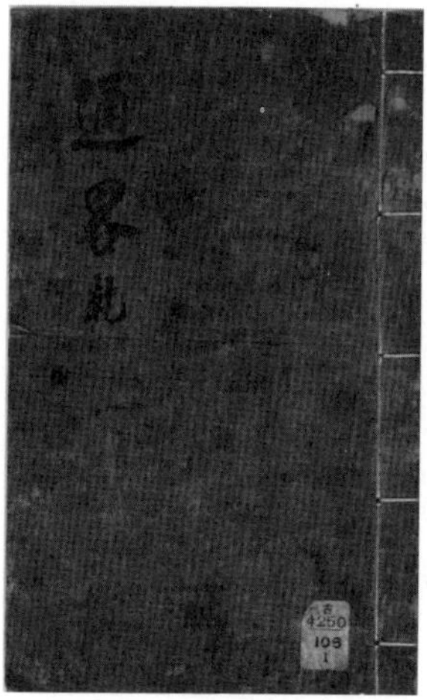

기축옥사(己丑獄事)는 조선 중기 선조 때 발생한 옥사로, 1589년(기축년) 10월에 정여립이 역모를 꾀하였다 하여, 3년여에 걸쳐 그와 관련된 1,000여명의 동인계(東人系)가 피해를 입은 사건[1]으로 알려져 있다. '동인 1,000명이 죽었다'는 것은 기축옥사 발발 260여년이 지난 뒤에 태어난 이건창(1852-1898)이 쓴 〈당의통략(黨議通略) 왼쪽 사진〉에서 처음 나온다. "1,000명에 달하는 동인 선비가 학살당하고 유배당한(東人株連以千計 · 동인주련이천계)"[2]라고 해 이를 정설인 냥 통용돼왔다. 최근 각종 언론과 책에서도 이 같은 인식을 확대하거나 반복 재생산하고 있다.

기축옥사 관련 언론 보도

기축옥사는 1589년(선조 22) 10월에 고변되어 3년간에 걸려 동인 천여 명이 희생된 사건이다.(전라도천년사)
서인인 정철이 정여립 모반 사건의 '위관'을 맡아 동인 출신 학자들을 대거 숙청하는 피바람을 일으켰다.(광주일보)
정철은 '정여립의 역모' 조사를 주도하면서 1천 여 명에 달하는 동인 쪽 호남지역 인사들을 죽였다.(남도일보)
서인들은 '기축옥사' 사건으로 동인(東人)들을 대거 살육하고 정권을 잡았지만 오래가지 못했다.(시사저널 이덕일)

언론 보도

정여립 사건, 즉 기축옥사는 1589년(선조 22) 10월에 고변되어 3년간에 걸려 동인 천여 명이 희생된 사건이다.[3](전라도천년사, 제3편 정여립사건과 전라도 p239) 서인인 정철이 정여립 모반 사건의 최고 수사관인 '위관'을 맡아 동인 출신 학자들을 대거 숙청하는 피바람을 일으켰다.[4](광주일보) 서인에 속했던 정철은 '정여립의 역모'로 발생한 기축옥사 조사를 주도하면서 1천 여 명에 달하는 동인 쪽 호남지역 인사들을 죽였다.[5](남도일보) 서인들은 선조 22년(1589년 · 기축년)의 '기축옥사', 즉 '정여립 옥사' 사건으로 동인(東人)들을 대거 살육하고 정권을 잡았지만 오래가지 못했다.[6](시사저널 이덕일)

기축옥사가 정여립이 모반을 꾸민다는 고변으로부터 시작되었지만, 후대의 표적은 주로 '송강 정철'로 모아졌다. 기축옥사 바로 직후인 임진왜란 때 이산해-유성룡으로 이어지는 '동인'이 정치를 장악했기에 '송강 책임론 조장'이 가

능했을 것으로 보인다.

그렇다고 "서인인 송강 정철이 동인 1천명을 죽였다, 피해를 줬다"로 쓰고 있는 세간의 역사 기술이 괜찮을까? 가해자로 '서인인 정철'을, 피해자로 '동인 1천명'을 특정해, 보도하고 있는 것은 올바른 지적인가? 이에 대한 올바른 시각이 필요해 보인다. 최소한의 사실관계도 확인하지 않고 기존 역사인식이나 입장을 고수해 '왜곡 참사'를 낳아서는 안 된다는 생각에서이다. 최근 공들인 〈전라도천년사〉에서마저 이런 왜곡된 편향 글을 써 확산시키고 있다면, 이는 호남에서 오히려 '호남을 폄훼하는 폭력'이 될 수 있다는 생각이 든다.

기축옥사와 관련, 이 사건 전반에 관한 의혹과 또 그 진위와 관련해서 여러 가지 이야기들이 존재하는 것도 사실이다. 따라서 이 책에서는 여러 기록 상호간의 관계, 그리고 하나의 기록이 만들어지고 유통되는 정치 사회적 맥락을 두루 살피면서 이 사건을 바라보고자 한다.

특히 기축옥사는 누가 주도했나? 정철인가 유성룡인가? 조헌의 상소와 호남유생들의 상소는 무엇을 말하고 싶어 했나? 과연 '동인 1,000여 명'이 희생됐을까? 그 근거는 어디에서 나왔을까? 희생자는 누구인가? 주류 퇴계계 영남 동인인가? 남명계 동인인가? 호남 동인인가? 서인들 희생자는? 이발의 노모와 어린자식을 언제, 누가 죽였나? 정철 때인가 유성룡 때인가? 전라도에서 계획됐다는 모반이 왜 황해도 안악군과 재령군, 신천군에서 일제히 드러났을까? 고변 책임자 한준은 누구인가? 기축옥사 전 · 후 정치는 어떠했나? 기축옥사 뒤 정국, 서인이 주도했나? 동인이 주도했나? 왜 역사는 송강 정철은 기축옥사 주도자로 내몰았나? 송강에 대한 평가는?

이런 의문들은 꼬리에 꼬리를 물고 줄곧 그치지 않았다. 430여년이 지난 현재에도 여전히 논란거리로 회자되고 있다. 따라서 이 책에서는 여러 기록들을 통해 이런 의문 들을 찾아가고, 특히 동인과 서인의 대표인물인 서애 유성룡과 송강 정철의 행적을 중심으로 이런 의문점을 풀어가며 고찰하려고 한다. 동인을 기축옥사를 주도한 주류 동인(퇴계계 영남동인)과 피해를 본 비주류 동인(남명계 동인, 호남동인)으로 나누기도 했다. 이를 통해 그동안 가해자는 '서인', 피해자는 '동인'이라는 일방적 시각도 바로잡고자 한다. 주도계층도 시기적으로 달랐음을 밝히려 한다. 이를 위해 위관을 누가 맡았는가를 기준으로 3단계 시기구분을 시도해 분석해 보고자 한다. 우선 [1기](1589. 10. 2-1589. 11. 7(37일))는 역모 사건과 정언신 위관 시기로 2년 6개월 기축옥사 기간 중 한 달 남짓한 시기다. [2기](1589. 11. 8-1590. 2. 28(3개월 20일))는 임금 선조가 직접 심문을 맡았거나 송강 정철이 위관을 맡은 시기다. 마지막으로 [3기](1590. 3. 1 - 1592.4. 13(2년 1개월 10일))는 유성룡, 이양원 등 주류 영남 동인이 위관을 맡아 서인을 대대적으로 공격하던 시기다. 이를 시기별로 나눠 분석해보도록 하겠다.

이 분석에 더 가깝게 접근하기 위해 몇 가지를 더 집중해 보기로 한다.

첫째, 이 사건이 지닌 의미나 영향력이 지대함에도 사실의 규명보다 이미지만으로 덧씌워진 채로 정형화되어온 측면이 있지는 않은가? 예컨대 사건 발발 원인이나 내용보다 송강 정철에 대한 악인 이미지를 덧씌운 것은 아닌지를 살펴볼 필요가 있다.

둘째, 정치적으로는 권력 투쟁의 비정함과 참혹함을 규명해 가고자 한다. 특히 붕당정치의 폐해, 정치 술수에 능한 국왕의 교활함, 이로 인한 파당의 움직임 등이다.

셋째, 기축옥사는 임진왜란의 직전에 발생한 큰 사건이다, 따라서 전란 기간이라는 국가 명운이 풍전등화인 상황에서도 조정 내 권력을 잡기 위해 혈안이 된 것은 아닌지 살펴보고자 한다.

이를 통해 그동안 특정인에 집중된 왜곡된 질시를 바로잡았으면 한다. 또 이를 토대로 특정인에게 집중적으로 덧씌워진 역사의 편견이나 오류가 있다면 풀어가고, 이를 계기로 기축옥사에 관한 역사적 진실을 바로잡아가는 연구에 새로운 전기가 되기를 소망해 본다.

기축옥사는 누가 주도했나?

서인인가 동인인가? 동인도 다 같은 동인이 아니었다

우선 '기축옥사 피해자 1천여 명' 주장은 옳은가? 실제 조선왕조실록, 그리고 관련 기록 등을 살펴보면 기축옥사 기간 많은 인사들이 죽임을 당하고, 귀양 가고, 삭탈관직을 당했다고 기록되어 있다. 관련자 가족의 피해도 상당했다. 밝혀지지 않는 아픈 사실들도 많을 것이다. 이를 추정해보면 '피해자 1천명'이라는 주장에 대해서는 어느 정도 부합해 간다고는 볼 수 있다.

그렇다면 "피해자 1천명"은 모두 동인이었을까? 이는 옳지 않는 분석이다. 피해자 가운데 '많은 서인'이 포함돼 있다. 어쩌면 피해자 절반 이상이 서인일 수 있다. 이는 기축옥사 기간 중 대부분 서인이 집중적으로 피해봤기 때문이다. 동인의 피해자도 모두 '같은 동인'이 아니었다. '가해자 동인'이 따로 있고, '피해를 입은 동인'이 따로 있다. 이 분석에 더 가깝게 접근하기 위해 당시 '동인'을 더 세분화해 '주류 동인'과 '비주류 동인'으로 나눠 볼 필요가 있다. 우선 동

기축옥사 기간 동서인 관계				
구분	주류 동인	비주류 동인		서인
		남명계 동인	호남동인	
학맥	퇴계 이황	남명 조식	낙천 이중호	송천 양응정
주요 인물	유성룡 이산해 이양원	최영경	이발 정개청	정철 성혼 조헌
1589년	12월12일 이후 권력 장악	희생	희생	정철 위관/조헌 "간귀"
1590년	유성룡 우의정			
1591년	주류동인 3정승 장악			희생(파직/탄압 받음)

인 가운데는 주류 동인인 '퇴계 이황의 후계인 영남 동인'이다. 비주류 동인으로는 '남명계 동인', '호남 동인'이다. 동인 가운데서도 피해자와 가해자로 분명히 나눠진다. 비주류였던 '호남 동인'과 '남명계 동인'은 '기축옥사 기간' 큰 피해를 봤다. 반면 주류였던 '퇴계계 영남 동인'은 기축옥사 기간 초기 1~2개월 동안 잠깐 위축된 분위기를 제외하고 기축옥사 기간 전반을 주도하는 주도세력으로 부상한다. 게다가 퇴계계 영남 동인들은 기축옥사 역모의 수사를 맡는 위관(유성룡, 이양원)이 되고, 실제 많은 인사들의 죽음과 귀양, 삭탈관직으로 몰아가는데 주도적인 역할을 한다.

이를 종합해보면 기축옥사 기간 그 피해세력에는 '이발 등 호남출신 동인', '최영경 등 남명계 동인', '정암수, 김여물 등 서인'이었다. 반면 '유성룡 등 퇴계계 영남 동인'은 기축옥사 기간 전반에 걸쳐 임금 선조와 함께 기축옥사를 주도해 아픈 역사를 만든 '가해자' 또는 '주역'이 된다. 그들은 심지어 기축옥사 초기 위관을 맡았던 송강 정철마저도 몰아낸다. 송강 정철은 기축옥사 초반 1개월가량 정여립 난 관련자 수사를 맡다가, 그 역시 주류 동인에 의해 '기축옥사의 피해자'가 되어 삭탈관직과 귀양의 길을 걷는다.

기축옥사, 누가 언제 주도했나?

송강 정철

서애 유성룡

기축옥사에 대한 기간을 통상 1589년 10월 정여립이 모반을 꾸몄다는 고발을 시작으로 3년 동안[7]이라고 말하고 있다. 하지만, 기축옥사를 1589년 10월 2일에 있었던 고변에서 시작해 임진왜란이 발발한 1592년 4월 13일까지로 봐야한다. 그 기간은 약 2년 6개월이다.

기축옥사를 누가 주도했나? 송강 정철인가 서애 유성룡인가?

위관(우의정)을 중심으로 본 **기축옥사**

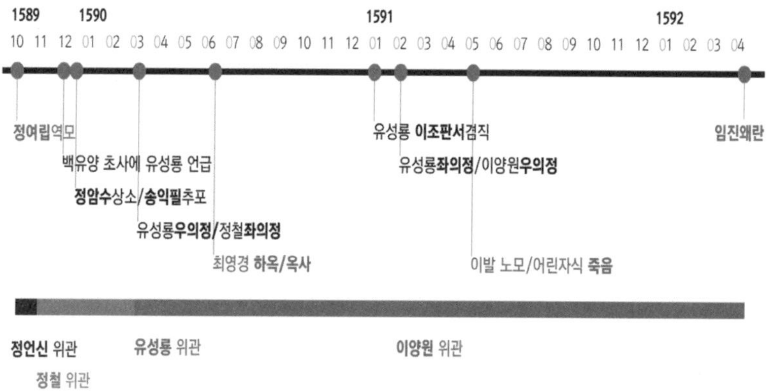

시차를 두고 분명한 주도자가 따로 있었다. 기축옥사 2년 6개월, 이 기간을 세 시기로 나눠 살펴볼 수 있다. 누가 위관을 맡았는가 하는 중심으로 살펴본다.

[1기] 1589. 10. 2 - 11. 7(37일): 희한한 역모 사건과 정언신 위관 시기로 한 달 남짓한 시기다. 이 기간은 긴박했다. 1589년 10월 2일, 정여립이 모반을 꾸민다는 황해도 관찰사 한준의 고변으로부터 시작해 10월 15일 황해도 죄인 이기 · 이광수 등이 정여립과 공모한 사실을 승복하고, 17일 안악의 수군 황언륜 등이 정여립의 집에 왕래하며 반역한 일을 승복하여 복주되고, 또 선전관 이용준 등이 정여립이 숨은 죽도를 포위하자 정여립이 자결했다.

[1기] **정언신** 우의정(1589. 10. 2 -11. 7(37일))

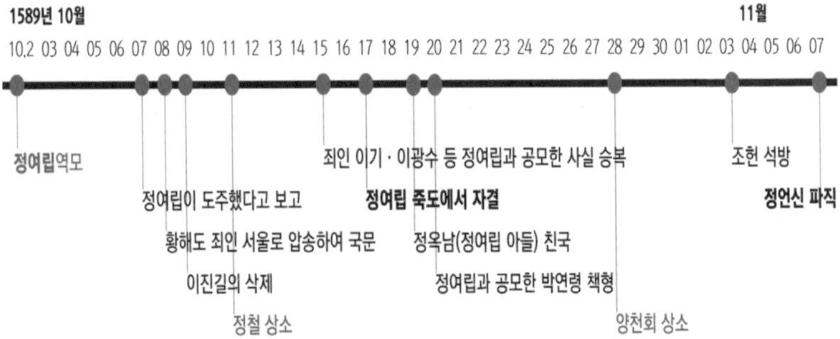

정언신 위관

당시는 선조의 노골적 개입에 의한 진두지휘 하던 시기이다. 11월 7일 양사가 우의정 정언신과 이조 참판 정언지가 역적과 친하다고 탄핵하여 파직된다. 위관을 맡아야 할 정언신은 역모 주동자인 정여립과 엮여 역할을 맡지 못했다. 그는 병조판서 등을 지냈는데, 특히 여진족 니탕개의 난을 진압하는 등 공도 세웠으나 정여립과 친척(9촌)으로, 그와 서신을 주고받았던 탓에 기축옥사 당시 연루되어 오히려 고초를 겪어야 했다.

[2기] 1589. 11. 8 - 1590. 2. 28(3개월 20일) : 정철 위관 시기이다. 정철이 우의정으로 발탁되어 추국을 관장하

[2기] **정철** 우의정(1589. 11. 8-1590. 2. 28(3개월 20일))

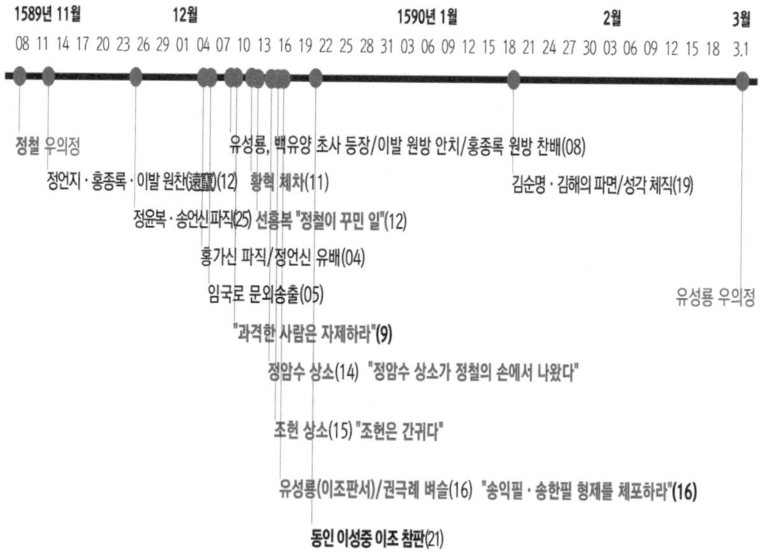

정철 위관

는 위관을 맡는다. 송강 정철이 위관을 맡아 정국을 주도하는 듯 했다. 그렇지만, 한 달 만에 권력이 동인에게 넘어간다. 게다가 이 기간은 송강 정철의 주도기라기보다는 임금 선조가 직접 국문(鞠問)하는 친국(親鞠)으로 진행됐다. 당시 임금 선조에게는 비장의 카드인 '적가문서(賊家文書)'를 가지고 있었다.

송강 정철이 독단적으로 나서서 수사를 할 분위기 또한 아니었다. 선조실록 등에 따르면 당시 추국청에는 위관은 물론 다른 여러 대신과 금부 대신들이 다수 동참해 거행된다. 위관인 정철은 물론 동인계 다수가 추관으로 배석해 있다. 김귀영, 유전, 유홍, 이산해, 이준, 이헌국, 최황, 김명원, 이증, 강신, 이정립 등 동인들은 추관(推官)으로 죄인의 복초를 직접 받아냈다.[8] 이들은 추관을 맡아 죄인들의 복초를 잘 받아냈다며 공훈자가 되기도 했다.

김장생이 황종해에 쓴 편지에서도 "이발과 백유양의 죽음에 이산해와 유성룡이 송강과 함께 위관이었으나 구제할 수 없었다. 그런데 이후 오로지 송강에게만 죄를 돌리니 그 어찌 편벽된 것이 아니겠습니까."[9]라고 했다. 정언신을 추국했을 당시 장면을 봐도 위관이었던 우의정 정철을 포함해 좌의정 이산해, 영부사 김귀영, 이준, 유홍, 홍성민 등 막강한 권력 상층부 인사들이 다수 배석한다. 특히 주류 동인계 인사들이 눈에 많이 띈다. 더러는 주요 추국과정에서는 임금 선조가 배석하기도 했다. 또 이를 이항복 등이 기록했다.

당시 추국과정은 물론 형 집행 과정에서도 주요 인사들의 배석은 당연시 됐다. 정철이 위관을 맡기 전부터 있었던 일이었다. 1589년 10월 27일 의금부가 정여립을 행형 할 때 백관이 서립(序立; 죄인을 효수할 때 여러 관리가 벌려 서서 그것을 보고 경계를 삼는 것)하도록 청했다. 의금부는 "역적을 토벌하는 도리는 매우 엄한 것"이라며 "모든 벼슬아치를 서립시킨 가운데 형을 집행하는 것은 온 군중이 죄인을 버린다는 뜻을 보임이니, 지금 반역한 신하를 형을 집행하는 과정에서도 백관을 서립시키는 것이 마땅하다"고 했다.

모든 정보를 국왕 선조가 독점하고 있었다. 진안현감 민인백은 자신이 쓴 토역일기에 임금이 금부도사와 선전관을 내려 보낼 때 '적가문서'를 압수해오라고 명했다(收取賊家文書以來 · 수취적가문서이래).[10)]

'적가문서'는 역적 정여립 집에서 나온 문서 일체를 말한다. 정여립이 쓴 글은 물론 다른 사람과 주고받은 편지도 포함돼 있었다. 선조는 그 문서를 추국청에 넘기지 않고 본인이 독점하고서 친국(親鞫), 직접 수사를 한 것이다.[11)]

최영경은 선조 친국 때 "역적과 서로 통한 적이 없다"고 진술했다가, "이 편지는 뭐냐"라고 선조가 내민 편지 두 장에 고개를 떨궈야 했다.[12)]

동인 당수 이발을 친국할 때 이발의 편지 9장을 흔들던 선조는 목소리가 제대로 들리지 않을 정도로 거칠어 모든 신하가 오들오들 떨었다.[13)]

임금 앞에서 그 어떤 위관도 그 어떤 추관도 입을 함부로 열지 못했다.

게다가 위관 송강 정철에게 주어진 권한과 주도권이 '동인'에게로 넘어간다. 기축옥사가 발발하고 두 달 지난 뒤다. 정암수 상소, 양산숙과 김광운 상소, 조헌 상소 등 몇 가지 사건이 빌미가 됐다. 12월 8일 이후 급작스런 변화였다. 이때부터 임금 선조가 동인 유성룡을 적극 두둔하고 나선다. 예조 판서 유성룡이, 자신의 이름이 백유양의 초사에 나왔다 하여 소를 올려 스스로를 진술하고[14]부터이다. 급반전이었다.
임금이 유성룡에게 "백유양의 초사가 경(유성룡)에게 무슨 관계가 된단 말인가. 경은 금옥(金玉)처럼 아름다운 선비로, 경의 마음에 품은 뜻을 저 태양에 묻는다 하더라도 부끄럽지 않을 것임을 내가 이미 알고 있으니, 전번의 전지(伝旨)를 따르도록 하고 조금도 개의치 말라."[15]고 다독인다.
그냥 다독이는 수준이 아니었다. 임금이 서인과 주류 동인을 인식하는 시각이 완전히 바뀐다. '유성룡 이산해는 금옥처럼 아름다운 선비'로, 송강 정철과 서인은 '악한 것들'로 바뀐다. 12월 14일부터 16일까지 3일 동안 정암수 상소와

1589년 12월 기축옥사 권력, 서인⇒주류 동인으로 교체 사건 정리			
일정	상소자	내 용	임금 선조 입장
14일	정암수	이산해 · 유성룡 등을 지적하는 상소	"그 흉참(凶慘)한 양상이 해괴하다." "이는 간인(奸人)의 사주를 받은 것이 의심된다" "잡아들여 추국하고 율에 따라 죄를 물어라!"
		정철 압박	"정암수의 상소가 정철의 손에서 나왔다"고 소문
15일	양산숙 김광운	유성룡 등을 지적하는 상소	"인심의 패역(悖逆)함이 이 지경에 이르렀다." "그 정상을 환히 드러냈으니, 웃을 일이다."
	조헌	유성룡 등을 지적하는 상소	"조헌은 간귀(奸鬼)이다." "아직도 조정을 경멸하여 거리낌 없이 날뛴다." "다시 마천령(磨天嶺)을 넘게 될 것."
		서인 문책 인사-이조판서 홍성민 체차	"그날 조헌 풀어줬던 당상(堂上)을 체차하라!"
		문책-낭청 추고	"풀어준 당시 낭청(郎廳) 추고하라!"
16일		서인 탄압	"송익필 · 송한필 형제를 체포하여 추고하라!"
		동인 유성룡/권극례 승진 인사	유성룡 이조판서로 권극례 예조판서로

양산숙과 김광운 상소, 조헌 상소가 있고난 뒤 서인을 대하는 태도가 굳어졌다. 임금이 서인을 겨냥해 가시 돋친 말을 쏟아냈다. 그 말 속에는 "해괴하다", "의심된다", "죄를 물어라!", "정철의 손에서 나왔다", "인심의 패역(悖逆)함", "이 지경에 이르렀다", "웃을 일이다", "간귀(奸鬼)이다", "경멸한다", "날뛴다." "마천령을 넘게 될 것", "체차하라!", "추고하라!" 등 부정적인 말 일색이다.

"그 흉참(凶慘;흉악하고 참혹)한 양상이 해괴하다."
"이는 간인(奸人)의 사주를 받은 것이 의심된다"

정철 위관 한달 뒤, 임금 선조 서인 '비난'–동인 '신뢰'

1589년 12월 14일~16일까지 정철/서인에게

"그 흉참(凶慘)한 양상이 해괴하다."
"이는 간인(奸人)의 사주를 받은 것이 의심된다"
"잡아들여 추국하고 율에 따라 죄를 물어라!"
"정암수의 상소가 정철의 손에서 나왔다"
"인심의 패역(悖逆)함이 이 지경에 이르렀다."
"그 정상을 환히 드러냈으니, 웃을 일이다."
"조헌은 간귀(奸鬼)이다."
"아직도 조정을 경멸하여 거리낌 없이 날뛴다."
"다시 마천령(磨天嶺)을 넘게 될 것."
"그날 조헌 풀어줬던 당상(堂上)을 체차하라!"
"풀어준 당시 낭청(郎廳) 추고하라!"
"송익필 · 송한필 형제를 체포하여 추고하라!"

이 기간 유성룡에게 한 무한 신뢰의 발언들

"백유양의 초사가 경에게 무슨 관계가 된단 말인가."
"경은 금옥(金玉)처럼 아름다운 선비다."
"경의 심지(心志)를 저 태양에 묻는다 하더라도 부끄럽지 않을 것임을 내가 이미 알고 있다."
"조금도 개의치 말라."
"마음을 편안히 가지라."

"잡아들여 추국하고 율에 따라 죄를 물어라!"

"정암수의 상소가 정철의 손에서 나왔다"

"인심의 패역(悖逆)함이 이 지경에 이르렀다."

"그 정상을 환히 드러냈으니, 웃을 일이다."

"조헌은 간귀(奸鬼)이다."

"아직도 조정을 경멸하여 거리낌 없이 날뛴다."

"다시 마천령(磨天嶺)을 넘게 될 것."

"그날 조헌 풀어줬던 당상(堂上)을 체차하라!"

"풀어준 당시 낭청(郎廳) 추고하라!"

"송익필 · 송한필 형제를 체포하여 추고하라!"

1589년 12월 기축옥사 기간 중, 임금 선조가 동인 서인 대한 인식 변화		
구분	서인	주류 동인
임금 인식	조헌은 간귀다 나라의 역변을 편승하여 나를 놀리려 한다 '소'의 진원지가 송강 정철이다.	경(유성룡)은 금옥(金玉)처럼 아름다운 선비다 백유양의 초사가 경(유성룡)에게 무슨 관계가 된단 말인가. (유성룡)에게 마음을 편하게 가져라
	서인 홍성민 체직 서인 송익필 · 송한필 형제 체포하여 추고하라	동인 유성룡 · 권극례 · 박충간 · 이축 · 한응인 관직 제수 유성룡(이조판서), 권극례(예조판서), 박충간(형조참판), 이축(공조참판), 한응인(호조참의), 이수(당상) · 강응기(당상), 조구(정직)

반면 동인인 유성룡에 전한 말은 무한한 신뢰의 발언들 이었다. "백유양 초사가 경(유성룡)에게 무슨 관계 된단 말인가", "경은 금옥(金玉)처럼 아름다운 선비다", "경의 심지(心志)를 저 태양에 묻는다 하더라도 부끄럽지 않을 것임을 내가 이미 알고 있다", "조금도 개의치 말라", "마음을 편안히 가지라"는 따뜻한 메시지 일색이다.

이는 서인 정철 중심에서 동인 유성룡 중심으로 바뀌었다는 것을 의미한 메시지였다.

임금 선조는 15일과 16일 전격 인사를 단행한다. 서인 중심으로 인사를 해온 이조판서 홍성민이 조헌을 풀어줬다며 문책성 인사를 단행한다. 홍성민을 체차한 것이다. 또 조헌을 풀어주도록 도운 낭청도 추고(소장(訴狀)의 내용을 따지고) 받는다.

1달짜리 정철의 권한이 끝나고 본격적인 서인 탄압을 알린 일이다. 이 인사 뒤 곧 후속 인사를 한다. 16일 동인 유성룡이 이조판서로 등장하고, 권극례가 예조판서로 승진한다. 이조판서와 예조판서를 동인 유성룡과 권극례가 장악했다는 것은 이후 인사권을 동인이 장악했다는 것을 말해준다. 관료 인사는 이조판서에서, 과거를 통한 새로운 인재 발굴은 예조에서 맡았다고 봤을 때 이 이후 인사에서 동인 존숭-서인 배제 인사를 예고한 것이었다.

이 뿐만이 아니었다. 수사도 이때부터 유성룡 · 이산해 중심으로 바뀐다. 실제 임금은 좌의정 이산해에게 전교를 내린다.

"'정여립과 결교(結交)한 사람들을 논란하는 것은 진실로 옳은 일이다. 그러나 요즘 상황으로 보아 사건이 널리 번질 조짐이 있으니, 의론이 과격한 사람은 제재하도록 권유하거나 혹 면대(面対)해서 아뢰기를 바란다."[16]

정철에 맡긴 일을 동인들에게 맡긴 것으로 봐야 한다. 임금 선조가 이처럼 동인에 힘을 실어준 것은, 역옥 의혹이 호남 동인과 남명계 동인 쪽에서 퇴계계 영남동인 쪽으로 옮겨 오면서 이를 차단하겠다는 계산이 깔려 있다고 봐야 한다. 선조는 유성룡과 이산해를 겨냥한 서인의 공세를 적극 차단한다. 오히려 임금이 나서서 이들 퇴계계 주류 영남 동인을 보호한다.

정철이 우의정이 돼 위관을 맡은 지 한 달 째인 12월 14일의 일이었다. 이날 호남유생 50여명의 집단 상소는 임금이 어떻게 측근정치에 매달리고 있느냐?는 호소를 담고 있다.

이산해는 본시 음흉한 자질로 부시(婦寺; 궁중에서 일을 보는 여자와 환관)의 태도를 외식(外飾; 면치레)하여 성상을 속여 온 지가 이미 오래되었습니다. …(중략) 유성룡은 소위 사류로 일신에 큰 명망을 차지하고 시론을 주관하면서 남의 말을 교묘히 피합니다. … (중략) 유성룡은 진실로 역모에 가담한 사람은 아니지만, 지금 만약 반성해 본다면 태양 아래서 어떻게 낯을 들고 살 수 있겠습니까.[17)]

진사 정암수 · 박천정 · 박대붕 · 임윤성 · 김승서 · 양산룡 · 이경남 · 김응회 · 유사경 · 유영 등을 포함해 호남의 젊은 유생 50여 명이 동참했다. 전라 유생 정암수 등이 이산해 · 정언신 · 정인홍 · 유성룡 등을 지척(指斥; 지적하여 탓)하는 상소를 올린 것이 임금 선조에게는 '괘씸죄'가 됐다.

소를 올리자 상이 즉시 이산해 · 유성룡을 불러 만나 위로하고 이어 전교하기를, "국가의 역변을 이용하여 감히 무함(誣陷)하는 술책을 써서 근거 없는 말을 날조하고 사악하고 교활한 소를 올려 현명한 재상과 이름난 정승(賢相名卿)을 모조리 지척하여 온 나라가 텅 빈 뒤에야 그만두려고 하니, 그 속셈을 따져 보면 장차 어찌하려는 것인가. 그 흉참(兇慘)한 양상이 더욱 해괴하다. 이는 반드시 간인(奸人)의 사주를 받은 것이 단연 의심이 없으니, 잡아들여 추국하고 율에 따라 죄를 적용하라."[18]하였다.

임금은 또 대신들이 대죄하니 "간인(정암수 등 50여명 호남 유생을 말함)이 나라의 역변을 편승하여 나를 마치 어린애처럼 보아 손바닥 위에 올려놓고 놀리려 하니, 내가 통분함을 금할 길 없어 잠자리가 편안치 못하다. 사주한 간인을 잡아낸 뒤에야 안심하겠으니, 경(이산해 · 유성룡) 등은 대죄하지 말고 마음을 편안히 가지라."[19]고 위로했다.

그리고 주류 동인들은 "정암수의 상소가 정철의 손에서 나왔다"[20]고 흘렸다. 신뢰하던 정철이 '간인 정철'로 지목되는 분위기였다. 호남 유생들이 한 상소와 조헌이 한 '소(訴)'의 진원지를 송강 정철 쪽으로 몰아간 것이다.

그 뒤로부터 임금 선조에게 송강 정철은 눈엣가시가 된다. 이산해의 기록에도 이 부분이 나온다. 당시 임금 선조는 소를 올린 정암수를 정철의 당인(黨人)으로 인식했다는 것이다.

조헌의 상소도 정암수의 상소와 마찬가지로 투식이었다. 임금이 전교하기를, "조헌은 간귀(奸鬼)이다. 특명으로 방환시켰던 것인데, 이런 사람이 임금에게 품지하지 않고 서둘러 수서(收敍; 다시 서용)하여 인심을 대단히 현란스럽게(정신을 차리기 어려울 정도로 어수선) 하니, 극도로 잘못되었다 하겠다. 그날 복직시키자고 한 이조 당상을 체차하고 낭관은 추고하라." 하였다.[21)]

조헌은 간귀이다. 오히려 두려워할 줄을 모르고 조정을 경멸하며 더욱 꺼려하지 않고 마음대로 하니, 이 사람은 필시 재차 마천령을 넘을 것이다. 이 뜻을 승지는 잘 알라." 하였다.[22)]

송강 정철이 위관이 된지 한 달 만에 벌어진 일이었다. 이로 볼 때 정철이 기축옥사 2년 6개월 기간 중 권세는 불과 한 달짜리에 그친 것으로 봐야 한다. 이후로부터는 임금과 정철은 불편한 관계가 이어지고, 서인의 의론은 '거짓'으로 취급된다.

이 불길을 더 확산시킨 것은 양산숙의 상소였다. 호남의 유생 양산숙 · 김광운 등이 소를 올렸는데, 대개 유성룡 등의 재신들을 지적한 것들이었다[23]며 임금이 불쾌해 했다.

> 선조는 "인심의 패역함이 이 지경에 이르렀다. 그들의 소장(疏章)을 내가 아직 다 보지 못하였지마는, 어찌 이를 따질 나위가 있겠는가. 다만 조신(朝臣)들이야 마음이 어찌 편안할 수 있겠는가. 그들 몇 사람이 소를 올려 조신들을 다 지적하고 우상(右相) 정철 이하 몇 사람만을 찬양하면서 스스로 '직언(直言)'이라 하여 도리어 그 정상을 환히 드러냈으니, 웃을 일이다. 조헌은 간귀(奸鬼)이다. 아직도 두려워할 줄 모르고 조정을 경멸하여 더욱 거리낌 없이 날뛰니, 그 사람은 앞으로 다시 마천령을 넘게 될 것이다."하였다.[24]

불똥이 서인에게로 튀었다. 조헌을 출사시켰던 당상은 판서 홍성민이었다. 서인 홍성민이 체직된다. 이로부터 서인 탄압시대가 본격화 된다. 서인의 몰락은 곧 동인의 부상을 의미 했다. 본격적인 인사에서도 드러내놓고 '서인 외면-동인 존중'작업이 진행됐다. 서인 홍성민 체직에 이어 16일 서인의 중심인물인 송익필(1534-1599) · 송한필 (1539-?) 형제를 체포하여 추고하라고 전교하고[25], 동인인 유성룡 · 권극례 · 박충간 · 이축 · 한응인 등에게 관직을 제수한다.[26]

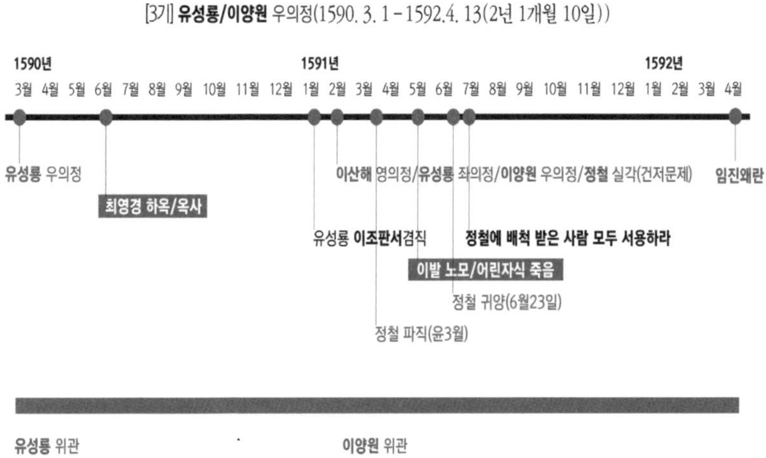

서인 송익필 체포는 정철이 주도했다는 옥사가 끝났다는 것을 말해 준 사건이었다. 그도 그럴 것이 한 때 동인들이 '정여립의 난을 기획한 인물로 송익필을 지목'했는데 "송익필의 체포와 추고"는 사실상 서인 중심의 기축옥사 수사는 종결됐음을 의미한 일이었다. 이후 2년 4개월 남짓은 사실상 주류 동인 유성룡과 이산해가 중심이 되어 기축옥사 역옥작업이 진행됐다고 봐야 한다. 이 때 본격 부상한 정치인이 '서애 유성룡'이다. 주도권 대부분은 '주류 영남 동인', 그리고 '유성룡' 주도로 넘어간 것이다.

[3기] 1590. 3. 1 - 1592.4. 13(2년 1개월 10일) : 1590년 3월 1일,[27] 유성룡이 우의정에 오른다. 이때부터 본격적

인 동인정권기에 이른다. 유성룡, 이양원 등 주류 영남 동인이 추관이나 위관을 맡는 것도 이 시기이다. 유성룡을 비롯한 주류 동인이 주도하는 대로 사건이 정리된다. 송강 정철이 동인들의 함정에 빠진 '건저문제(왕세자 책봉문제)'로 1591년 윤3월에 파직된다. 송강 정철은 큰 위기에 몰리고, 서인들이 동인들에 의해 대대적인 탄압을 받게 된다. 중앙 요직에 있던 거의 모든 서인들이 탄핵의 대상이 된다. 정철과 가까운 서인계 인사들은 거의 모조리 '음험하고 간사한 무리들'로 치부돼 옷을 벗어야 했다. 정철의 문하생이거나, 정철을 두둔하거나, 동인들에게 대들거나 하면 여지없이 체직시키거나 귀양을 보냈다. 대대적인 탄압이었다. 당시 송강 정철은 '간신' 취급을 받고 있었다. 1591년 7월, 정철의 모함에 얽혀 배척받은 사람이 있으면 모두 발탁하여 서용하라는 전교[28)]까지 내렸다.

이처럼 기축옥사 2년 6개월 기간 동안 주류 동인과 서인의 긴박하고 아슬아슬한 대결정국이 지속된다. 다만 그간에 알려진 서인 주도로 '동인들이 탄압 받았다'는 주장과는 완전히 다른 주류 동인 주도로 - 서인과 비주류 동인(남명계 동인, 호남동인)이 함께 탄압받는 슬픈 정국이 내내 전개된다.

조헌의 상소와 호남유생들의 상소는 무엇을 말하고 싶어 했나?

주류 동인을 겨냥한, 조헌과 호남유생들의 상소

기축옥사 초반기에 중봉 조헌의 상소와 양산숙 · 김광운 상소, 양천회의 상소, 그리고 정암수 등 호남유생 50여명의 상소로, 정국의 주도권이 '서인'에서 '주류 동인'으로 넘어가는 단초를 제공한다. 그러나 이들의 상소의 공통점은 이산해와 유성룡 등 주류 동인 최고 권력자를 겨냥하고 있다는 점이다. 상소에 임금의 측근을 자처한 몇몇 동인들이 나라를 망치고 있다며, 이를 임금이 알아달라는 호소를 담고 있었다.

중봉 조헌과 조광현 · 이귀 등의 상소는 '붕당을 만드는 동인들의 한심한 정치'를 겨냥했다. 그 중 유성룡 등을 집중 겨냥했다.

> 유성룡 같은 자는 평생 한 일이 일체 현인을 해치는 일만 힘썼습니다. 그러고도 뉘우치거나 깨달았다는 말을 듣지 못하였습니다. 이런 인물이 어찌 전하를 위하여 직언하려 하겠습니까?

동서분당 동인-서인분당 기록

1550년 **사액서원 소수서원(紹修書院)**(퇴계 이황에 의해) : '조선 붕당'의 싹이 이곳으로부터 시작
임금이 현판 내림, 토지와 서적, 노비 등 지원
면세와 면역의 특권까지
사림 패거리 세력의 확대, 폐단 늘어남
붕당 정치의 온상
국가 재정 약화시키는 주범
서원 설립 유행처럼 번짐: 선조 때 사액을 받은 서원 100여 개 이상
남설/첩설: 선조 때 퇴계를 모시는 서원 도산서원(예안), 여강서원(안동), 정산서원(예천), 경현서원(나주), 옥동서원(청송), 문암서원(춘천), 오현서원(아산) 등

1566년 **'전습록논변(傳習錄論辯)'** (퇴계 이황에 의해) : 왕수인의 이론을 비판. 양명학을 '반주자학'으로 규정
학문의 퇴보: 성리학의 나라 고착화
양명학은 불손한 학문으로 규정하고 노자, 장자책마저 하찮은 것으로 취급

1575년 **동서분당**(이조전랑(吏曹詮郎)의 자리 문제) : 사림(士林)이 동서(東西)로 분열

1578년 **삼윤(三尹)사건**(이조전랑, 김성일이 윤현 공격 사건) :
김성일이 서인에게 보복할 기회를 노림
진도군수 이수가 윤현의 작은아버지 윤두수, 윤근수 등 3윤(尹)에게 뇌물로 쌀을 바쳤다는 정보를 입수
김성일 경연자리에서 폭로.
결과: 이수 탄핵. 쌀을 운반했다는 장세량 엄형(嚴刑) 받으면서도 혐의사실 부인.
동인 허엽: 3윤도 처벌 주장.
서인 김계휘 · 심충겸 : "무함 아니냐"며 3윤 옹호.
동인 박대립 · 이산해: 3윤의 공격
결국 윤두수, 윤근수, 윤현 : 파직
동인 이발: "윤두수를 처벌하자"
서인 정철: "간언이다"

1583년 **계미삼찬 癸未三竄**(율곡 이이 개혁정치 반대 사건) :
병조판서 이이가 이탕개 침입에 맞서 군마(軍馬)를 바치는 사람은 병역을 면제하는 국방력 강화책
▲서얼과 공노비 · 사노비 중에서 무예가 있는 자 모집
▲북진 근무 1년, 남해안 근무 1년8개월
▲병조에서 시험 보도록 기회 제공
▲서얼은 벼슬길 허통
▲천민과 노예는 신분 양민 기회제공
동인 제동: 동인의 중진 송응개, 박근원, 허봉이 관직 삭탈 후 귀양

1589년 **기축옥사**(주류 동인에 의한 비주류 동인(남명계/호남동인), 서인 탄압 사건) :

이러니 당상관 이하 관료들은 유성룡 등에게 붙은 뒤에야 임금을 모시는 시종(侍從)이 될 수 있고….[29]

유성룡, 김응남은 세상을 다스릴 만한 인물이 못되고, 원대한 계책도, 식견도 없습니다. 그러면서 악당짓거리로 서로 헛된 명예를 과장하고, 몰래 사특한 의논을 주장하며, 어진 이를 시기하고, 선한 사람을 미워합니다. 이들이 악인을 끌어들이고, 파당을 만들고, 권세를 공고히 해 현명한 임금을 고립시켜 선정을 베풀지 못하게 하니, 이는 실로 나쁜 무리들입니다.[30]

10월 28일 태학생 양천회의 상소도 나라 걱정이 주를 이뤘다. 그는 임금에게 "백성을 구하는 정치로 쇄신해라"며 "지금 조정부터 먼저 부정(不正)을 엄격히 단속하여 바로잡고, 탐내고 아첨한 자를 물리치고, 기대할만한 사람을 불러 성심으로 맡겨 정신을 가다듬어 정치에 힘써라!"[31]고 직언했다.

양천회의 상소는 당시 권력을 장악한 인사들에게 쓴 소리를 던지며 "임금이 백성을 사랑하는 정치를 실현하려 한들 어느 누가 그 뜻을 받들겠느냐"[32]고 질타했다.

백성들은 조정(朝廷)을 보고 있는데, 지금 조정에는 탐오하여 사리사욕을 채우려고 하는 일이 성행하고, 염치가 전혀 없습니다. 관료들이 당파를 만들고, 사욕을 채워 자기를 보신하고, 집을 윤택하게 하는 것을 일삼으며, 변경을 지키는 장수를 가리켜 '뇌물을 바치고 장수가 된 사람'이라고 비웃는 대상이 됐고, 수령은 아첨하는 자들로 둘러싸여 위아래가 다 민생을 착취하는 일에 힘을 기울이니, 지금 전하께서 비록 백성을 사랑하는 정치를 실현하려 한들 어느 누가 그 뜻을 받들려 하겠습니까. 지금 조정부터 먼저 부정(不正)을 엄격히 단속하여 바로잡고, 탐내고 아첨한 자를 물리치고, 기대할만한 사람을 불러 성심으로 맡겨 정신을 가다듬어 정치에 힘쓴다면 국사가 그런대로 진전되어 갈 것입니다.[33]

양천회의 상소에는 당시 조선 백성들의 처절한 모습도 담고 있었다.

나라의 명맥이 왕성하고 민심이 단결되었을 때에는 역란(逆亂)의 싹이 일어날 수 없고, 그 사이에 혹 사소한 도적이 발생하더라고 마치 부스럼이나 옴딱지와 같아 심복(心腹)의 해가 될 수 없지만, 나라의 형편이 약해지고 인심이 흩어지면 아무리 작은 재앙이 발생해도 토붕와해(土崩瓦解; 무너져 나가 손댈 수 없이 될)할 형세가 무언중에 잠재해 있을 것입니다.

우리나라는 논밭이 척박하고 백성들이 가난한데다가 부역(賦

役)이 무겁고 잦고, 농사가 연이어 풍년 되지 않고, 백성들이 먹거리를 비축하고 있지 않아, 평소 태평한 때에도 백성들이 1년 내내 힘을 들여야 아침저녁으로 겨우 입에 풀칠을 할 수 있었습니다. 그런데 근래에는 기후 재앙이 잦고, 장마와 가뭄이 거듭되는가 하면, 밖으로는 변방의 시비가 계속되고, 안으로는 토목(土木)공사가 많으므로, 굶주린 백성들이 조세를 납부하다가 쓰러지고, 정처 없이 떠돌아다니는 자가 태반에 이르렀고, 금년 가뭄으로 인한 재앙이 예전에 볼 수 없이 광범위해 논밭이 모두 흉년 들어, 거둘 것이 없게 돼 풀 한 포기도 없습니다.

신의 집에서도, 시골 백성들은 추수기가 돌아와도 끼니를 이을 형편이 못되는 실정인데, 조세(租稅)와 사채(私債)를 위아래서 독촉하므로, 원망에 찬 마음으로 하늘에 호소하다가 그만 정처 없이 떠돌아다니면서 빌어먹고, 겨우 남은 백성들도 모두 죽어 자신의 시체가 도랑이나 골짜기를 메우게 되니, 흉년이 지난 뒤에는 도적이 극심해집니다. 가슴으로 파고든 병이 이미 걱정스러운 데, 더구나 이 같은 역변(逆變)을 겪고 나면 사방이 소란하고, 도적이 날로 생겨나 백성들이 살 길이 없어지는데 어쩌겠습니까. 오늘날의 걱정거리는 정여립에게 있지 않고, 오히려 궁한 백성들에게 있는 것이 분명합니다.[34)]

"처절한 조선의 모습, 그리고 임금과 임금을 모시는 신하들에 대한 따끔한 질책과 혁파"를 주장한 양천회의 상소는 주류 동인들에게는 눈엣가시가 됐다. 이들은 모진 고문으로 양천회의 상소를 '송강 정철이 시킨 일'로 몰고, 결국 기축옥사 기간에 양천회를 죽음으로 내몬다.

이런 상소는 기축옥사 때 반짝 나온 것이 아니었다. 벌써 그 이전부터 양식 있는 선비들에 의해 줄기차게 건의해 왔다. 이 하소연이나 논쟁의 발단은 1575년으로 거슬러 올라간다. 사림 내 갈등으로 동서로 분당된다. 관직 추천권과 후임자 지명권을 갖는 이조정랑(吏曹正郎)자리를 놓고서다. 김효원(훗날 동인)이 자신의 이조정랑 후임으로 심의겸(훗날 서인)의 동생 심충겸이 거론되자 "전랑(銓郎; 관원 천거의 권한을 가진 직책)의 직분이 어찌 외척의 집안 물건이 될 수 있느냐"며 단호히 반대했다. 김효원을 두둔하는 인사들이 동인을 형성한 후 다른 사림들을 공격했다. 이들 동인의 거센 공세에 율곡 이이는 중재에 나서 분쟁 당사자인 심의겸과 김효원을 각각 개성유수와 함경도 경흥부로 발령을 내는 것으로 사태를 마무리하려 했다. 그러나 김효원이 더 변방으로 부임하게 된 것에 대한 동인의 집단적 항의가 거세게 일었고, 정철을 비롯한 사림의 인사들 역시 거세게 대응했다. 이로 인해 파당이 시작된 것이다. 이 사태로 인해 동인들이 집중적으로 율곡 이이에 대한 공세를 폈다. 이이도 가만히 있을 수 없었다. 1581년 동서간 분쟁 중재에 힘쓰던 이이가 동인 측의 지나친 서인 공격을 비판하면서 서인 쪽을 두둔하고 나서 결국 서인으로 분류됐다. 이이는 평소 "심의겸은 자신의 덕과 힘의 한도를 헤아리지 못한 것이 문제이고, 김효원은 선배를 깔보고 사림을 두 편으로 갈라놓은 것이 문제"라며 동서인 사이에서 중립적 입장을 견지해왔다. 그러나 동인들의 견해는 율곡마저 수용하기 어려울 정도로 심했다. 동인들이 ▲심의겸과 선배사람을 동일시하고 ▲1578년 서인인 윤근수 윤두수 형제의 수뢰에 대한 지나친 처벌을 주장하고 ▲사림으로서의 순수성 상실에 염증을 느낌과 동시에 동인의 지나친 파당적 세력 확장에 대한 견제의 필요성을 느끼게 된 것으로 보인다. 이이는 "비판의 화살이 심의겸과 선배 사림을 겨냥하고 동인이 주도권을 장악하자 시류에 편승한 무리들이 다투어 동인에 가담하고 있다"며 당시의 시국을 개탄해 했다.

조직적인 동인에 맞서기는 벅찼다. 동서분당 이래 줄곧 수세에 몰리던 서인세력이 잠깐 우위를 확보한 것은 임금이 세력을 앞세운 동인의 공세를 억누르면서이다. 1583년 "

유성룡 · 이발 · 김효원 등이 파당을 만들고 전권을 휘둘러 나라를 그르치고 있다"는 경안령 이요(慶安令 李瑤)의 발언이 주효했다.
이요는 임금 선조와 만나 조정이 안정되지 못한 것과 동 · 서의 당이 나눠진 것 등 벌어지고 있는 붕당의 폐해를 알렸다. 그는 이 자리에서 동서로 갈라지게 만든 두목이 유성룡이라고 직언했다. 그는 유성룡이 제멋대로 권력을 행사한 흔적이 많다, 이를 가벼이 여기지 말고 강력히 다뤄야 한다고 호소했다. 이요는 세종대왕의 아들인 담양군(潭陽君)의 증손으로, 특정 당파에 연연한 인물이 아니다.

> 경안령 이요가 임금과 만난 자리에서, 조정이 안정을 잃고 동서로 갈라져서 정사가 여러 곳에서 나오고 있으며, 유성룡 · 이발 · 김효원 · 김응남 등은 동인의 괴수들로서 그들 멋대로 하는 일들이 많으니 억누르기를 바란다는 내용까지 논급(論及)했다.[35)]

이에 양사에서 이요의 말에 즉각 반발했지만, 임금 선조는 '이요의 고언이 근거 없이 나왔겠느냐'고 일축했다.
임금은 "요가 아뢴 내용은 자못 일리가 있는 말들이었다. 내가 비록 덕이 적고 우매하기는 하나 그렇다고 아주 어리

이요, 유성룡 · 이발 · 김응남 등이 동인(東人)의 괴수로 제멋대로 권력을 행사한 흔적이…

경안령(慶安令) 이요(李瑤)가 면대(面對)를 청하여, 조정이 안정되지 못한 것과 동(東) · 서(西)의 당이 나뉘어진 것과 정령(政令)이 여러 곳에서 나온다는 것과 유성룡 · 이발 · 김응남 등이 동인(東人)의 괴수로서 제멋대로 권력을 행사한 흔적이 많다는 것을 강력히 말하여 억제시킬 것을 청하고, 또 시사(時事)를 이것 저것 논하였는데,…

〈선조실록〉 1583년 4월 17일/〈수정선조실록〉 1583년 4월 1일

석은 임금은 아니다. 이번 일은 요에게 하등의 죄를 내릴 이유가 없다. 지금 이런 말이 근거 없이 내 귀에까지 들어왔겠는가."[36]라고 말했다.

이요의 발언이 왕에게 받아들여지면서 시작된 동인세력의 축소는, 곧이어 동인 세력 등용의 주요 통로였던 이조정랑의 관직추천권이 박탈되면서 가시화되기 시작했다.
그런데 동인계는 여기에서 호락호락 멈추려하지 않았다. 동인이 집단 반발해 서인을 집중 공격한다. 1583년 동인인 박근원 · 송응개 · 허봉 등이 '율곡 이이'를 몰아내려는 사건이 벌어진다. 이른바 계미삼찬(癸未三竄: 계미년에 세 신하를 귀양 보내다)이다. 1583년 여진추장 니탕개가 육진을 침범했는데, 당시 병조판서였던 이이는 급한 부름을 받고 내병조(內兵曹)에 이르렀다. 그런데 이 무렵 그는 병이 심해 가까운 정원(政院)에도 못 나가 임금을 뵙지 못했다.

송응개, 허봉 등이 이를 문제 삼았다. 니탕개의 침입으로 인한 급박한 전시에 이이의 신속한 자주국방 대책도 이들에게는 비판의 대상이었다.
이들은 ▲병조판서 이이가 니탕개의 난을 처리하는 과정에서 조정의 합의 없이 관료의 녹봉을 깎아 군량을 보탠 점 ▲임금의 부름에 즉시 응하지 않은 점 등을 들어 서인에 대한 반격의 포문을 열었다.

군량을 급히 마련한 것은 다 이유가 있었다. 1583년 5월 함경도 회령지방 여진족 추장 니탕개가 2만여 병사를 이끌고 종성을 포위해 공격해왔다. 당시 병조판서 이이는 한성에서 1만 명의 사수 모집을 착수했는데 말(馬)이 잘 모아지지 않자 3등 이하의 사수들은 말을 바치는 것으로 역을 면해 준다는 지시를 내려 신속히 말을 확보하여 징집된 2백 명의 병사에게 말을 지급했다. 또한 비축해 놓은 군량이 거의 없음을 확인한 이이는 우선 군자감의 무명베를 출전병사의 옷으로 지급하고 관리와 종친의 녹봉을 1석씩 깎아서 군량으로 수송하는 응급조치를 취했다. 이이의 이런 기민한 조치로 니탕개의 군은 일단 격퇴되었다. 그러나 두만강유역의 몇 개 부락 여진족 침입에 온 나라가 흔들리는 것을 보면 정말 대군이 쳐들어오면 어떻게 될지 불 보듯 뻔

한 일이었다.

동인들은 이이가 전투 말(戰馬)을 바치는 자에게는 군사에 뽑힌 자라도 북변방어임무를 면제해준 조치를 들어 죄를 물어야 한다고 하며 탄핵했다. 이 방책을 먼저 시행하고 임금의 사후 재가를 받았다. 게다가 대다수의 반대를 무릅쓰고 국경 지대까지 양곡을 운반해 헌납하면 서얼허통을 허용한다는 법을 강행한다든지 한다고 고자질했다.
병조판서 이이가 처리한 일은 사적인 일이 아닌 나라를 구한 일이었다. 1583년 4월 전쟁 방어 뒤 이이는 국방력 강화를 위한 내용이 포함된 상소문을 올린다.

> "서얼과 공노비 · 사노비 중에서 무예가 있는 자를 모집하여 스스로 식량을 준비해서 남해안과 북진에 들어가 막아서 지키게 하되, 북진 근무는 1년, 남해안 근무는 1년8개월로 하여 모집하는 한편 병조에서 시험 보도록 한 뒤 보내게 하소서. 그리하여 서얼은 벼슬길을 허통하고, 천민과 노예는 신분의 굴레를 벗고 양민이 되게 하며…"[37]

당시, 임금인 선조는 이이가 주창한 국방 강화라는 현실적인 개혁정치를 받아들일 생각이었다.

"서얼과 천인을 허통하는 건은 지난 사변 때 경이 올린 방책에 따라 즉시 시행을 명하였던 것인데, 그때 그것을 논의하는 사람들이 있었다. 지금 다시 비변사에 물어 헤아려본 후 마련하여 거행하도록 하겠다."[38]

신분제 혁신을 통한 혁신적인 국방강화책이었다. 그러나 이런 병조판서 이이의 기민한 대응과 개혁정책은 유성룡을 비롯한 동인들에게는 공세의 빌미로 작용했다. 이들이 들고 나온 것이 병조판서 이이의 '파직'이었다. 1583년 6월 11일 이었다. 이이가 군정을 마음대로 하고, 내조에만 들고, 승정원에 찾지 않은 죄를 논했다. 이어 6월 19일에는 이이가 군정을 보고하지 않았다며 '파직'을 청했다.
대사간 송응개, 직제학 허봉 등이 삼사에 연계(聯啓)를 올려 "이이가 ▲병권을 마음대로 하고 ▲임금을 업신여기며 ▲파당을 만들어 ▲바른 사람을 배척하므로 왕안석(王安石)과 같은 간신"이라고까지 하였다.

이 주장은 상당히 무리한 것이었다. 당시 이이는 입시 하였으나 병으로 쓰러져 궐내에서 치료를 받고 있었다. 또 전시를 대비하려는 이이의 국방책은 발군이었다. 이에 서인뿐

1583년 율곡 이이의 "면천법"

서얼(庶孽)과 공천(公賤)·사천(私賤) 중에서 무재(武才)가 있는 자를 모집하여 스스로 식량을 준비해서 남도(南道)와 북도(北道)에 들어가 방수하게 하되, 북도는 1년, 남도는 20개월을 기한으로 하여 응모자가 많도록 하는 한편 병조에서 시재(試才)한 뒤 보내게 하소서. 그리하여 서얼은 벼슬길을 허통하고 천례(賤隷)는 면천(免賤)하여 양인(良人)이 되게 하며, 사천인 경우에는 반드시 본주인이 병조에 단자를 올린 다음에 시재(試才)를 허락하여 주인을 배반하는 종이 없게 하고, 그 댓가는 자원(自願)에 따라 골라 주도록 하소서. 그리고 만약 무재가 없는 경우에는 남·북도에 곡식을 바치게 하되 멀고 가까운 거리에 따라 그 많고 적은 수를 정하고, 벼슬길을 허통하고 양인이 되게 하는 것도 무사(武士)와 같게 하소서. 그러면 군사와 양식이 조금은 방어에 대비할 수 있게 될 것입니다.

1583년 4월 1일 수정선조실록

만 아니라 상식 있는 남명계 동인까지 이이를 두둔했다. 성혼이 이이를 변호하고, 남명 조식의 제자인 허락이 이이를 변호하였다.

그때 영의정 박순과 호군 성혼이 발언처를 밝혀 주동자의 처벌을 주장하면서, 송응개와 허봉을 외직으로 내쫓으려 하였다.

그러나 동인들은 똘똘 뭉쳤다. 동인이 중심이 된 삼사에서는 매일 언론으로 죄를 줄 수는 없다고 하였다. 당시 삼사를 장악했던 세력이 동인이었다. 동인은 삼사만이 공론에 대한 독점적 권리를 가졌다고 확신했다.

승지 박근원과 송응개가 "이이는 이익을 탐해 지방관을 위협하고 사류를 미워하며 해쳤다"고 공격하였다. 동인들이 이에 적극 가담했다.

동인들의 집단적인 공세가 그치지 않자 이번에는 태학생 및 전라도 · 황해도 유생들이 각각 연명으로 소를 올려, "이이가 모함을 당했다"고 변호하는 등 동인과 서인간 극렬한 정치적 공세가 오갔다.

선조도 동인의 주장은 잘못됐다는 것을 알고 있었다. 선조는 "죄를 밝혀 시비를 정하자"는 서인 정철의 주장을 받아들였다.

임금은 사감을 가지고 정직을 가장하고 공론을 가탁, 대신을 몰아내고 편당을 지어 임금의 총명을 가렸다는 죄목의 친필교문을 내려, 박근원 송응개 허봉을 극변으로 유배하는 조치를 취한다. 박근원을 평안도 강계로, 송응개와 허봉을 각각 함경도 회령과 갑산으로 귀양 보낸다. 이 공세에 나섰던 많은 수의 삼사(三司) 언관(言官)들이 지방수령으로 좌천시켰다. 이어서 이이를 이조판서로, 성혼을 이조참판으로 임명하였다.

이 일 뒤 일단락된 듯했다. 표면적으로는 그랬다. 그러나 이 일 뒤에도 이이는 동인의 계속되는 공세를 받아야 했다. 송응개, 박근원, 허봉이 북쪽 변방 오지로 귀양 간 직후, 이조좌랑 김홍민이 선조의 조치를 비판했다.

선조는 김홍민의 상소에 대해서 단호하게 "나도 주희(朱熹)의 말을 본받아 이이 · 성혼의 당에 들기를 원한다. 지금부터 너희들은 나를 이이, 성혼의 당이라고 부르도록 하여라"고까지 하였다.

거기에다 동인들의 공세는 그치지 않았다.

서원세력을 동원하고, 파당을 만든 동인들의 공세는 나날이 거세고, 공격의 대상도 늘어갔다. 7월 들어 율곡 이이만이 아니었다. 영의정 박순 · 심의겸 · 성혼을 비판[39]했고, 이어 송강 정철 탄핵[40]으로 확전했다. 이이가 병조판서로 있으면서 '당파를 초월한 인재 등용과 폐정의 혁신'[41] 을 주장한 개혁정치에 대한 동인들의 집단 반발이었다.

천민을 양민화 하는 개혁적 국방정책에 반대를 위한 반대

율곡 이이가 제안한 '면천'을 통한 국방강화책에 대한 동인들의 집단반발은 임진왜란 발발 9년 전의 일이었다. 당시 이이는 신분제를 바꿀 수 있는 개혁적인 국방 안을 내놓은 것이다. 양반과 천민은 군사로서의 의무를 지지 않았던 때다. 이에 이이는 양반에게도 천민에게도 국방의 의무를 지우는 법을 만들어 시행하고자 했다. 이에 대해 임금인 선조도 동조할 뜻을 보였으나 동인당이 집단적으로 방해한 것이다.

이이가 주창한 국방개혁방안이 추진됐다면, 조선의 국방대책에서 전환기를 맞이할 수 있었을 것이다. 하지만, 유성룡을 포함한 동인들이 들고 일어나 집단 반발해 봉쇄했다. 이들은 국가보다는 당파를 앞세우는 인물들이었다. 늘 진영싸움에 매진했다. 나라를 위하는 국방대책 따위는 이들에게는 안중에도 없었던 것이다. 이이의 새로운 국방강화개혁책을 온몸으로 막고 나섰다. 유성룡이 이이의 10만양

병설을 반대했다는 것도 이와 별반 다르지 않았을 것이다. 동인계 홍문관 인사들이 반발 기류에 기름을 부었다. 서얼 허통·공사천 종량·납속 사면에 대해 입을 다물고 있다는 비판이 나왔다.

> "요즘 들어 서얼을 허통하도록 한다, 공·사천을 양민으로 만든다, 곡물을 바치고 죄를 면한다는 등 실로 국전(國典)을 훼손하고 방형(邦刑)을 무시해버리는 일들이 일어나고 있는데도 입을 다물고 한마디 말이 없으니 모두 체차하도록 명하소서."[42]

동인계 양사도 개혁책 반발 세에 적극적으로 가담했다.

> "비변사 공사의 서얼·공사천이 곡물을 바치거나 변지 방어에 임하면 벼슬길을 터주거나 또는 양민이 되게 하는 일, 곡물을 바치고 죄를 면하는 일 등은 모두 거행하지 마소서."[43]

동인들이 매일 조정에서 하는 일이라고는 "타도 율곡 이이"였다. 당시 어느 당파에도 가입 않아 중립적 인사로 분류된 조헌 등은 이런 동인들의 정치에 신물이 났던 것으로 보인다. 그는 '반대를 위한 반대'라는 이 의론의 주도자로 유성룡·이발 등을 지목했다.
조헌이 누구인가? 24살 때인 1567년 문과에 급제했고,

1568년(선조 1년) 관직에 올라 평안도 정주(定州) 성균관 향교 교수로 3년간 있으면서 그곳 선비의 풍속을 일신시켰던 인물이다. 조헌은 우직했다. 개혁안을 상소하고 정론(正論)을 폈다. 특히 그는 진영을 나누고 막장에 이른 동인식 정치에 강경하게 반대하고, 이이와 성혼의 합리적 정치를 지지하면서, 고비마다 강경한 상소를 올렸다. 1586년 10월 20일 주학 제독관으로서 붕당의 시비와 학정의 폐단을 논한 만언소(萬言疏)[44]를 지어 상소를 올렸으나 모두 받아들여지지 않았다. 1587년 공주 교수가 되어 상소를 올렸으나 관찰사가 받지 않자 사직하였다. 1589년에는 대궐에 엎드려 소를 올려 시대적 폐단을 논하였는데 미친 논쟁이라 하여 삼사의 배척을 받고 길주(吉州)로 귀양 갔다. 그는 이이·성혼의 학술이 바르다는 것과 두 사람을 공격하는 이들이 오히려 나라를 그르치고 있다고 배척하였다.[45] 붕당을 만든 발단이 동인들에게 있었고, 이들이 조장해 진영정치를 하고 있다는 것이 조헌의 시각이었다. 당시 정치는 ▲극심한 사회분열 ▲극심한 정치 갈등으로 치닫고 있었다.

이이가 이조 판서가 되어서는 공평한 마음으로 사람들을 다루면서, 어떤 사람에게 한 가지 착한 점이 있으면 마치 자기가 가진 것처럼 여겼고, 자기의 과실을 말하는 자가 있으면 서슴없이 청환 · 요직에 앉혔습니다. 유성룡 · 김응남 · 이발 같은 이들이 어찌 일찍이 청망(淸望)에 들지 않았겠습니까? 그러나 그들의 심중을 훤히 알고 나서 다시는 추천을 하지 않으니 갑자기 반기를 들고 항복하려 하지 않았습니다. 이리하여 살았을 때에는 배척하기를 도모하고 죽은 뒤에는 온갖 험담으로 헐뜯었는데 지금에는 그 뿌리가 더욱 커져 이이의 얼굴을 아는 자는 모두 외지로 쫓아내고 성혼의 이름을 아는 자는 한결같이 관직에서 쫓겨나 초야에 있게 하여, 위로는 삼정승과 육판서에서부터 아래로 벼슬하지 못한 위포(韋布)에 이르기까지 창황분주(바쁘고 수선스러워)하여 몸둘 곳이 없게 합니다. 어찌 일찍이 군자가 정치를 하면서 한 시대의 충성스럽고 현명한 선비들을 공격하여 모두 제자리를 잃게 한 적이 있었습니까.[46)]

조헌은 동인들에 의해 자행된 파행적 인사와 국정농단 사태에 대해 낱낱이 알렸다.

대관을 사주해 김천일이 마음속으로 이이를 흠모했다해서 담양부사직을 끌어내리고, 이발 때에 이의건 · 이희삼 · 변사정 · 정운룡과 같이 공론의 지지를 받는 사람들을 폐기시키고, 말단 지방관리마저도 율곡 이이와 관련된 인사는 모두 허물을 들추어 내어 근거 없는 말로 남을 헐뜯어 지위를 손상시켰다.

신이 이런 정황을 아는 사람만도 이 정도이니, 제가 모르는 자는 또 얼마나 많겠습니까?[47]

그 뒤에도 동인들의 공세는 그치지 않았다. 결국 이이는 파주로 물러났고, 파주로 물러난 뒤인 1584년 정월 16일 동인들의 여러 공세에 충격을 받았던지 병으로 갑자기 타계하고 만다. 이이 나이 49세였다.
이이의 죽음 뒤에도 동인들의 공세는 멈출 줄 몰랐다. 동인과 서인의 대립은 더욱 격화되는 결과를 가져왔다.
오죽했으면 율곡이 타계한 이듬해 1585년 의주 목사 서익이 올린 상소에서 '유성룡은 거간(巨奸; 큰악당)'이라는 상소 글을 썼을까.

"큰악당 유성룡이 아직도 남아 있으니 뒷날의 근심이 오늘의 근심보다 더 심할 것이다."[48]

훗날 이귀(1557-1633)는 "붕당의 재앙이 나라를 망하게 하는 것"이라며 조헌의 상소에 진정성이 있었음을 알렸다.

애당초 심의겸이 한쪽 사람들(동인들)의 공격 대상이 되었는데, 동인들이 사류(士類)들까지 연루시켜 멋대로 헐뜯자, 조헌

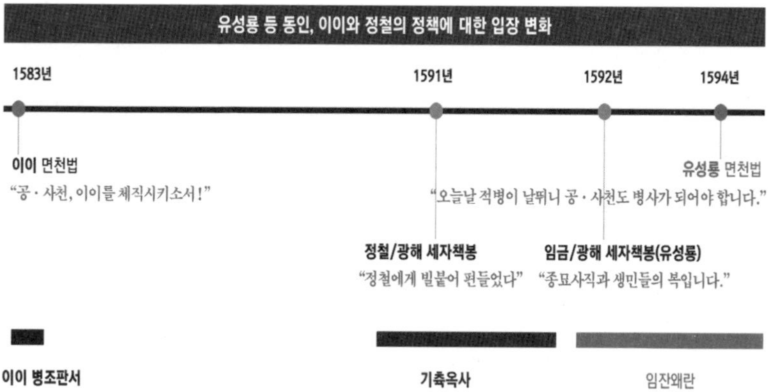

이 그들의 허구 날조 행위를 분히 여겨 수만 말이나 되는 상소(붕당의 시비와 학정의 폐단을 논한 상소문)를 올려 그들의 잘못된 점을 심하게 배격하였던 것입니다.[49]

붕당의 재앙이 나라를 망하게 하는 것입니다. 붕당의 조짐이 심의겸·김효원에게서 출발했고, 두 사람의 주변사람들이 제각기 의견으로 자기는 옳고 상대는 그르다 배척하고, 분란을 야기해, 율곡 이이가 상신 노수신과 함께 모두 외직으로 보낼 것을 청하였습니다. 그런데 이이가 죽은 뒤로 파당의 주장이 날로 갈려, 도리어 화합하자고 했던 사람마저도 당파라고 몰아 공격하며 헐뜯기에 혈안이 됐습니다. 이때에 조헌이 상소를 올려 이이와 성혼을 두둔했는데, 충과 의를 바탕으로 크게 분개했습니다.[50]

1593년 임금 선조의 "면천법"

"내 생각에도 서얼을 허통(許通)시키고 공사천(公私賤)을 양인(良人)이 되게 하면 상인(常人)들이 모두 무재를 익히게 될 것이고 생원 진사시에도 시험을 보이면 양반(兩班)도 모두 무재를 익힐 것으로 여겨진다. 듣건대 경상도의 풍속은 누구라도 아들 형제를 두었을 경우 한 아들이 글을 잘하면 마루에 앉히고 한 아들이 무예를 익히면 마당에 앉혀 마치 노예처럼 여긴다니, 국가에 오늘날과 같은 일이 있게 된 것은 경상도가 오도(誤導)한 소치이다. 옛적에 육상산(陸象山)은 자제들에게 무예를 익히게 했고 왕양명(王陽明)은 말타기와 활쏘기를 잘했다 한다. 우리 나라는 책자(冊子)만 가지고 자제들을 교육하므로 문무(文武)를 나누어 두 갈래로 만들어 놓았으니 참으로 할 말이 없다."

1593년 10월 22일 선조실록

유성룡이 임진왜란이라는 전란 중에 "공 · 사천도 병사가 되어야 한다"는 방안을 내놓기 11년 전, 1583년 4월 이이는 국방력 강화를 위한 상소를 한다. ▲서얼과 공노비 · 사노비 중에서 무예가 있는 자를 모집하여 스스로 식량을 준비해서 남해안과 북진에 들어가 막아서 지키게 하되, 북진 근무는 1년, 남해안 근무는 1년8개월로 하여 모집하는 한편 병조에서 시험 보도록 한 뒤 보내게 하자 ▲그리하여 서얼은 벼슬길을 허통하고, ▲천민과 노예는 신분의 굴레를 벗고 양민이 되게 하며…"[51]라는 내용이 포함된 혁신안이었다.

당시 이 혁신안에 제동을 건 것은 유성룡 등 동인이었다. 매일 이 문제로 율곡 이이의 관직을 삭탈하자고 주장했던 그

1594년 유성룡의 "면천법"

"우리 나라에서는 전에는 공 · 사천(公私賤)은 병사가 될 수 없었지만 오늘날은 적병이 날뛰니 공 · 사천도 병사가 되어야 합니다."

1594년 2월 12일 선조실록

들이다. 이이가 죽고 나서도 이 문제를 들어 동인들은 율곡을 괴롭혔다.

그렇게 줄기차게 반대만 했던, 율곡 이이의 간곡한 요청을 묵살해왔던 유성룡이 임진왜란이라는 전란을 맞이하여 이를 추진하자고 한다.

> 유성룡이 아뢰기를, "우리나라에서는 전에는 공 · 사천(公私賤)은 병사가 될 수 없었지만 오늘날은 적병이 날뛰니 공 · 사천도 병사가 되어야 합니다."[52]

임금 선조는 알고 있었을 것이다. 지난 1583년에 이이가 이를 추진하자고 했는데, 그때는 반대해 놓고선 이제와서 공 · 사천은 병사론이라니 했을 것이다.

> 상이 이르기를, "우리 나라는 모든 일이 인정(人情)에 끌리니 사천(私賤)은 병사가 되기 어려울 듯하다."[53]

유성룡이 아뢰기를, "상께서 만약 하신다면 어찌 이 지경에야 이르겠습니까. 낙 참장(駱參將)도 우리나라 공 · 사천 제도의 잘못을 말하였습니다."[54)]

임금 선조는 "예전에 너희들이 방해했잖아. 그래서 이 지경이 됐잖아" 하는 발언을 한다.

상이 이르기를, "우리 나라가 일을 일답게 못한 지가 오래되었다."하고, 삼경에 파하고 나갔다.[55)]

임금 선조는 이이가 낸 이 개혁안을 받아들이고자 했으나 당시 동인들이 집단 반발했다. 이이를 삭탈관직시키자고 주장한 사람들이다. 게다가 임진왜란이 발발하자 임금 선조는 1593년에 이를 다시 봐야 한다고 주장하기도 했다.

"내 생각에도 서얼을 허통(許通)시키고 공사천을 양인(良人)이 되게 하면 상인(常人)들이 모두 무재를 익히게 될 것이고 생원 진사시에도 시험을 보이면 양반도 모두 무재를 익힐 것으로 여겨진다. 듣건대 경상도의 풍속은 누구라도 아들 형제를 두었을 경우 한 아들이 글을 잘하면 마루에 앉히고 한 아들이 무예를 익히면 마당에 앉혀 마치 노예처럼 여긴다니, 국가에 오늘날과 같은 일이 있게 된 것은 경상도가 오도(誤導)한 소치이다. 옛적에 육상산(陸象山)은 자제들에게 무예를 익히게 했고 왕양명은 말타기와 활쏘기를 잘했다 한다. 우리 나라는 책자만 가지고 자제들을 교육하므로 문무를 나누어 두 갈래로 만들어 놓았으니 참으로 할 말이 없다."[56]

혹자는 마치 유성룡이 이 개혁안을 새롭게 제기했고, 또 이를 서인들이 반대한 것처럼 쓰고 있다. 유성룡이 낸 이 방안이 조선을 바꿀만한 혁신안이 됐을 것이라는 분석도 하고 있다.

유성룡의 주장대로 (면천법을)시행했다면 조선의 국방력은 획기적으로 강화되었을 것이다. 그뿐 아니라 신분제에도 혁명적 변화가 일었을 것이다. 양인의 수효가 획기적으로 늘어나고 천인 중에서 군 공을 세워 벼슬하는 경우까지 생겨났을 것이다.[57]

옳은 지적이다. 그런데 이를 벌써 한참 전에, 누가 이를 추진하자 했고, 또 누가 이를 반대 했던가? 이보다 11년 전, 조선의 국방력을 획기적으로 강화할 방안이, 또 신분제에도 혁명적 변화를 이룰 '면천법(안)'이 있었다. 임금 선조마저 이에 관심을 갖고 추진하려 했던 혁명적인 개혁방안이었다. 그런데 이는 결국 좌초하고 만다. 이를 방해한 이가 유성룡 등 동인이었다. 이들은 세력을 동원해 온몸으로 방해를 했다. 그리고 징비없이, 무방비적으로 임진왜란이라는 전란을 맞이했다.

1년 만에 드러난 일 - 광해 세자책봉

유성룡이 임진왜란 불과 1년 전인 1591년에 좌의정자리에 오른다. 송강을 밀어내고 차지한 자리다. 기축옥사 중에 있었던 건저(建儲)사태를 통해서다. 이는 훗날 엄청난 사건이 된다.

서인의 몰락과 함께 유성룡의 부상, 그리고 유성룡이 무소불위의 권력을 꿰찼음을 의미한다. 물론 이 이전부터 유성룡은 절대적인 권력자로 등극해 있었다. 그는 임금 선조의 최측근인 좌의정에 이조판서를 겸하게 된다.

정철 실각에는 선조에게 왕의 후계자인 광해군을 세자로 책봉할 것을 건의한 '건저사건'이 문제가 됐다. 선조는 원자가 없고 후궁에게서 낳은 아들만 있었다. 선조의 비 의인왕후가 아들을 낳지 못하자 조정은 별수 없이 후궁 소생 중에 세자를 책봉해야 했다.

임진왜란을 불과 1년여 앞둔 1591년(선조 24년) 1월 좌의정 정철과 영의정 이산해, 우의정 유성룡은 모여 세자 책

임진왜란 발발 전후 광해 세자책봉 사건 관련 정철-유성룡 행적		
1591년(선조 24년)	1월	영의정 이산해-좌의정 정철-우의정 유성룡, 광해를 세자로 책봉하는 의견 나눔
	2월 1일	광해 세자책봉 건의-좌의정 정철 건의, 이산해는 자리 피하고, 유성룡은 함구 세자책봉 문제로 동인들 정철 공격->정철 실각(좌의정->영돈녕부사) 좌의정 유성룡
	윤3월 14일	서인 정철 탄핵되어 파직(영돈녕부사직 사퇴)
	6월	정철 귀양
1592년(선조 25년)	4월 13일	임진왜란 발발
	4월 28일	임금, 광해 세자로 책봉 임금 "광해군이 총명하고 학문을 좋아해서 세자로 삼고 싶은데 경들은 뜻은 어떠한가?" 유성룡/이산해 "종묘사직과 생민들의 복입니다!"

봉 문제를 논의했다. 그리고는 모월 모일에 모여서 임금에게 이를 건의하자고 의견을 모았다. 이 논의에는 부제학 이성중, 대사간 이해수 등도 참여하고 상의했다. 선조의 나이 39세 때이다. 왕위에 오른 지도 25년이 되었고, 선조도 여러 차례 "임금 자리를 물려줘야하는데"라고 말하곤 했다. 조정 중신들도 선조의 후사를 결정할 때가 되었다고 생각했다. 하지만 선조의 정실인 의인왕후는 자식이 없었다. 따라서 후궁의 소생 중에서 세자를 논의할 수밖에 없었다. 당시 조정의 공론은 대체로 공빈 김씨의 둘째 아들인 광해군을 세자로 책봉하자는 쪽으로 뜻을 모으고 있었다. 광해군의 형으로 세 살 위인 임해군이 있었지만 성질이 난폭해 신임을 얻지 못했다. 공빈 김씨는 광해군을 낳고 2년 만에 죽

었는데 이미 15년 가까운 세월이 흐른 뒤였고, 선조는 인빈 김씨를 총애하고 있던 때였다. 인빈 김씨는 그때 이미 4남 4녀를 낳았었는데 선조는 그 중에서 둘째인 신성군을 아꼈다.

세자책봉 건은 유성룡이 기획했다. 유성룡이 송강을 찾아왔다.

"중임을 맡았으니 나라를 위해서 중대한 일을 하고 싶습니다. 세자를 세우는 일입니다."

송강이 대답했다.

"그렇습니다. 이만한 중대한 일이 어디에 있겠습니까? 그러나 영상(領相)께서 따라줄까요?"

유성룡이 자신해 했다.

"우리 두 사람이 뜻을 모았다면 영상이 어찌 따르지 않겠습니까."

이미 유성룡과 이산해는 말을 맞춘 뒤였다. 그런데 정작 이산해는 약속을 어기고 이 자리에 나오지 않았다. 두 차례나 영의정이 빠진 것이다. 왕을 찾아가기로 한 날, 또 이산해는 나오지 않고 정철과 유성룡만 어전에 들어가서 이야기해야만 했다.

2월 1일, 이산해는 나오지 않았지만 결심을 굳힌 좌의정 정철이 세자 책봉 문제를 꺼냈다. 정철은 왕 앞에서 소신 있게 광해군을 세자로 책봉하자고 발언을 한다. 정철과 유성룡 두 사람 가운데 보고자는 선임은 좌의정 정철 몫이었기에 정철이 꺼낸 것이었다.

정철이 말하고 난 뒤 임금 선조의 표정이 굳어졌다. 임금 선조는 아무런 대꾸를 하지 않았다. 함께 도모하자고 한 유성룡이 입을 꼭 다물고 있었다. 이산해와 유성룡이 결탁해 정철을 구렁텅이 속으로 몰아넣은 것이다.

이 사건 뒤 정철은 유성룡 등 동인들에 의해 '간사한 정철'로 낙인찍힌다. 누가 더 간사한 사람인가?

선조의 진노를 사 정철은 삭탈관직 된다. 그리고 좌의정까지 올랐던 정철은 결국 평안도 강계에 위리안치(귀양 간 죄인의 유배지 집 둘레에 탱자 가시나무 울타리를 치고 가두는) 유배된다.

그러나 이런 수모는 오래가지 않았다. 이 일로부터 1년여에만에 정철이 옳았음이 곧 드러난다. 임진왜란을 맞고서다. 건저문제로 정철을 조롱했던 유성룡과 이산해는 정철이 주장했던 대로 갈 수 밖에 없게 된다. 정철이 광해를 세자로 책봉하자고 주장한지 불과 1년 3개월 만의 일이다.

1592년 4월 28일에 임진왜란을 만나, 다급해진 임금 선조는 조정 대신들을 불러 모은다.

"나라의 위태로움이 이와 같으니 다시 형적(形迹; 흔적)을 보존할 수가 없다. 경들은 누구를 세울 만하다고 생각하는가?"[58]

지난해 초 이 문제로 정철을 함정에 빠뜨리고, 쫓겨내 귀양까지 보낸 유성룡은 할 말이 없게 됐다. 다른 대신들도 임금의 눈치를 살폈다.

"이것은 저희들이 감히 아뢸 바가 아니고 마땅히 성상께서 스스로 결정하실 일입니다."[59]

이렇게 되풀이하기를 서너 차례 하자 밤이 이미 깊었건만 상은 그때까지 결정을 내리지 못했다. 유성룡과 함께 정철을 구렁텅이로 몰았던 이산해도 허리를 굽히고 자리를 피하려 했다.
조정의 분위기는 싸늘했다. 정적을 깬 것은 신잡(申磼)이었다.

"오늘은 기필코 결정이 내려져야 물러갈 수 있습니다."[60]

신잡의 말에 대신은 다시 자신들의 자리로 가 앉았다. 정좌를 하자 임금 선조가 약간의 미소를 띠고 나지막이 말을 했다.

"광해군이 총명하고 학문을 좋아하여 그를 세워 세자로 삼고 싶은데 경들의 뜻에는 어떠한가?"[61]

유성룡 등 대신들이 모두 일시에 일어나 절하면서 대답했다.

"종묘사직과 생민들의 복입니다."[62]

밤이 꽤 깊어졌다. 신잡이 교지를 내리는 것으로 이날 조정에서의 회동은 겨우 마쳤다.[63] 좌의정 유성룡은 이날 '입은 있으나 말 할 수 없게 된' 난감한 처지가 됐다. 아무 말도 못하고 우두커니 서 있다가 돌아오는 그 밤길이 황량했을 것이다.

이 일로 지난해 자신이 쫓아낸 송강 정철과 많은 서인들의 입장을 생각해봤을까? 서인들 입장에서는 "유성룡! 네가 지난해 봄에 한 일들을 우리는 다 알고 있다" 쯤으로 읽힐 만한 일이었기 때문이다.

유성룡이 지난해 봄 꾸민 모함과 질시라는 행적의 기억은 너무도 또렷했다. 그 일로 상대 당이었던 송강 정철을 귀양지로 보내고, 탱자 가시덤불, 위리안치로 가둔 당사자였다. 정철이 입대(入對)하여 세자 책봉을 건의하다가 유배될 당시에 정철의 당파로 지목된 사람들이 함께 좌천되고 유배된 이른바 신묘당화(辛卯黨禍)[64]를 겪어야 했다. 유성룡 등이 쫓아낸 서인들의 죄명은 하나같이 "간사한 정철에 붙어서…"였다. 누가 정의롭고? 또 누가 간사한 인물인가? 서애 유성룡인가? 송강 정철인가?

멈추지 않은 서인들의 호소

기축옥사 당시 서인들의 호소는 멈출 줄 몰랐다. 상소를 올리는 이들이 계속 늘어났다. 양산숙 · 김광운, 그리고 정암수 등 호남유생들도 이 대열에 가세했다.

조헌이 풀려난 것은 기축옥사가 발발하고 나서였다. 역옥이 일어나자 호남 유생 양산숙(1561-1593)이 상소하여 "조헌의 원통함을 변호하면서 그가 정여립이 반드시 반역할 것을 예견해 앞을 내다본 충직한 바른말이었음"을 주장했다. 이에 임금이 이르기를, "당초 유배를 보낸 것은 나의 본의가 아니니, 석방하도록 하라."[65]했다.

그런데 조헌이 방면되어 돌아오는 도중에 소를 올렸고, 호남의 유생 양산숙 · 김광운도 소를 올렸는데, 유성룡 등을 꼭 집어 탄핵한 것이었다. 이에 임금이 발끈 했다.

> "인심의 패역(悖逆)함이 이 지경에 이르렀다. 그들의 소장(疏章)을 내가 아직 다 보지 못하였지마는, 어찌 이를 따질 나위가

있겠는가. 다만 조신(朝臣)들이야 마음이 어찌 편안할 수 있겠는가. 그들 몇 사람이 소를 올려 조신들을 다 지척하고 우상(右相) 정철 이하 몇 사람만을 찬양하면서 스스로 '직언(直言)'이라 하여 도리어 그 정상을 환히 드러냈으니, 웃을 일이다. 조헌은 하나의 간귀(奸鬼; 교활한 사람)이다. 아직도 두려워할 줄 모르고 조정을 경멸하여 더욱 거리낌 없이 날뛰니, 그 사람은 앞으로 다시 마천령(磨天嶺)을 넘게 될 것이다."하였다. 또 전교하기를, "조헌은 간귀로 그 마음이 몹시 흉참한데도 아직까지 현륙(顯戮; 죄인을 죽여 그 시체를 여러 사람에게 보이던 일)을 모면한 것이 다행이다. 문제가 언로(言路; 신하로서 임금에게 의견을 말할 수 있는 길)에 관계되는 것이고 또 대사(大赦; 일반 사면)가 있었기에 특명으로 방면하지마는, 이 같은 사람을 상의(上意; 윗사람에게)에 물어보지도 않고 급급히 서용(敍用; 파면되었던 사람을 다시 채용)하여 인심을 현혹시키려 하였으니, 극히 잘못이다. 그날 출사했던 당상(堂上; 이조판서)을 체차하고 낭청(郎廳)을 추고하라."하였다. 당상은 판서 홍성민이었다.[66]

서인계 이조판서 홍성민을 자르고, 그 자리에 동인 유성룡을, 그리고 동인 권극례를 예조 판서로 삼았다. 앞서 조헌은 여러 차례 상소문을 냈다. 주학 제독관으로 제수된 1586년

10월 "붕당의 시비와 학정의 폐단을 논한" 상소문을 낸다.

> 정철의 강직한 성미가 한 번 이발의 얼굴에 침을 뱉은 까닭으로 점점 없는 사실을 있는 것처럼 만들어 끝내 모함하여 초야에서 굶주리게 하였습니다. 사람들은 간혹 말하기를 '정철이 너무 심하게 악을 미워하였으므로 패함을 받게 된 것이다.' 하지만, 신은 보건대 그가 이발 형제를 아껴 백방으로 충고하여 미혹에서 돌아오기를 바랐는데도 이발은 뉘우치지 않고 더욱 공격하여 해치려 하였으니, 송나라 때 정위(丁謂; 정위는 북송 때 권신으로 시, 그림, 음률에 능했지만, 시세에 영합하는 소인배였다)가 부끄러운 마음을 품고 기필코 구준(寇準)을 쫓아낸 일과 같습니다. 한나라 급암(汲黯, 서한의 강직했던 정치가)의 강직함이 없었더라면 누가 회남왕(淮南王;중국 한나라 종실 유장(劉長))의 역모를 제어할 수 있었겠습니까. 이것이 바로 신이 팔을 걷어붙이고 분개하면서 길게 탄식하는 바입니다.[67]

이 상소에 이산해는 조헌이 자신을 지적하여 탓했다며 사직을 청하자 임금 선조는 "저 미친놈이 비난하는 말은 아이의 웃음거리도 되지 못할 것"이라며 "또 조헌이 경(이산해)을 무함하였다. 어찌하여 헐뜯는 자가 이리 많은가. 진실로 내가 경을 대우함이 정성스럽지 못한 때문이리라."[68]

고 말했다.

조헌은 또 이듬해인 1587년 9월 공주 교수 신분으로 소장을 올린다.

> 이산해의 무리가 이발 · 이길이 위력이 있어 박순과 정철을 제어할 수 있다고 여겨, 급급히 그들을 임용하면서 스스로 잘못을 알지 못하였습니다. 노수신은 을사사화를 겪고 살아난 사람입니다. 당초에는 만절(晩節)을 보전하고자 하지 않은 것이 아니나 유성룡의 의논에 미혹되어 중년의 견식을 변개하였고 배회하면서 여생을 마치려 하였습니다.[69]

그러나 이 소장을 감사가 받지 않아, 조헌은 교수직을 사임하고 귀향한다. 기축옥사가 발발하고 난 직후인 1589년 12월 14일 정암수 등의 상소나 조헌의 상소도 이와 크게 다르지 않았다. 이들은 임금 곁에 있는 이산해 · 유성룡 · 정언신 · 정인홍 등을 지적하라는 상소였다. 12월 2일 생원 양천회 상소도 정여립이 조정의 벼슬아치 누구와 가까이 지내면서 국정을 농단하고 있다는 따끔한 지적이 담겨 있었다.

> "이이와 성혼이 세상에서 큰 명성을 지니고 있었는데 이발 형

제도 그들을 존경할 때였으므로 정여립을 천거하여 새로 그 문하에 드나들다가, 이이와 성혼이 세력을 잃은 뒤에는 정여립이 맨 먼저 창끝을 돌려 이발 등과 안면을 바꾸고 붕당을 지어 남을 참소하고 재얼(災孼)을 만들어 충현(忠賢)들을 모함할 계획을 세웠는데…"[70]

조헌 등이 유성룡 등의 문제를 임금 선조가 알아달라고 호소했지만, 대부분 묵살되고 오히려 조헌 자신이 간귀로 몰렸다. 그렇다면 조헌의 이 같은 상소의 말은 기축옥사와 임진왜란을 거친 이후 어떤 평가가 내려졌을까?

선조 40년(1607년) 5월 13일에 있었던 유성룡의 졸기에서 그 평가를 엿볼 수 있다. 유성룡의 졸기에서 유성룡의 우유부단함과 직언을 하지 못하고 자신 보호에 치중한 나약한 정치인의 면모가 확연하게 드러난다. 동인과 서인이 각각 주도해 썼다는 선조실록과 수정선조실록에서 유성룡에 대해선 냉정한 평가는 다르지 않았다. "임금의 신임을 받았지만 직간했다는 말을 들을 수 없었다" 거나, "속이 좁아 파당에 치우쳐 자기와 의견을 달리하면 용납하지 않았다", "임금에게 바른대로 고하지 못했다", "대신다운 절개가 없었다", "역옥으로 산림의 착한 사람들이 잇따라 죽었는데도 구원하는 말도 없었고, 한 사람도 구제하지 않았다", "임진왜란과 정유재란 때 군신(君臣)이 들판에서 자고 백성들이 고생을 했는데 화의(和議)를 주장하고, 적과 내통해 원수를 잊게 한 죄가 크다", "《징비록》을 썼는데, 자기만을 내세우고 남의 공은 덮어버렸다"고 지적했다.

(유성룡은) 규모(規模)가 조금 좁고 마음이 굳세지 못하여 이해가 눈앞에 닥치면 흔들림을 면치 못하였다. 그러므로 임금의 신임을 얻은 것이 오래였었지만 직간했다는 말을 들을 수 없었고 정사를 비록 전단(專斷)하였으나 나빠진 풍습을 구하지 못하였다. 기축년의 변에 권간(權姦)이 화(禍)를 요행으로 여겨 역옥(逆獄)으로 함정을 만들어 무고한 사람을 얽어서 자기와 다른 사람을 일망타진하여 산림(山林)의 착한 사람들이 잇따라 죽었는데도 일찍이 한마디 말을 하거나 한 사람도 구제하지 않고 상소하여 자신을 변명하면서 구차하게 몸과 지위를 보전하기까지 하였다. 임진왜란과 정유재란 때 임금과 신하들이 들판에서 자고, 백성들이 고생을 하였으며, 두 능(陵)이 욕을 당하고, 종사(宗社)가 불에 탔으니 하늘까지 닿는 원수는 영원토록 반드시 갚아야 하는데도 계획이 굳세지 못하고, 국시(國是)가 정해지지 않아서 화의(和議)를 극력 주장하며, 적과 내통하여 적에게 잘 보이기를 구하여서 원수를 잊고 부끄러움을 참게 한 죄가 천고에 한을 끼치게 하였다. 이로 말미암아 의사(義士)

> 들이 분개해 하고 언자(言者)들이 말을 하였다.[71]
>
> (유성룡은)재간이 협소하고 갖고 있는 지론(持論)이 넓지 못하여 붕당에 대한 마음을 떨쳐버리지 못한 나머지 조금이라도 자기와 의견을 달리하면 조정에 용납하지 않았고 임금이 득실을 거론하면 또한 감히 대항해서 바른대로 고하지 못하여 대신다운 절개가 없었다. 일찍이 임진년의 일을 추가 기입하여 이르기를 《징비록》이라 하였는데 세상에 유행되었다. 그러나 식자들은 자기만을 내세우고 남의 공은 덮어버렸다고 하여 이를 기롱하였다.[72]

앞서 1598년 9월 태학생 이호신도 당시 영의정이었던 유성룡에게 직격탄을 날렸다.

> "유성룡은 본래 사특한 사람으로서 교활한 말과 행동으로 일세를 감쪽같이 속여서 조정의 기강을 마음대로 농락하고 흉억(胷臆)을 자행하였습니다."[73]

우리는 당시 권력자로부터 자행된 이 아픈 전라도 폄훼의 역사를 바꾸려 하지 않았다. 그리고 동인당 측에서 쓴 기록을 '정설로', '모범으로', '기둥으로' 삼아 마구마구 전라도 지식인을 비난하는 목소리를 재생해왔다.

희생자는 누구인가?

주류 동인? 비주류 동인? 서인?

과연 '동인 1천명'이 희생됐을까?

기축옥사 기간 희생자 기록에서도 '동인 중심' 사관이 뚜렷하다. 기축옥사가 엄청난 역사의 논쟁거리가 된 사건인 만큼 하나하나 따져 보면 기축옥사를 누가 주도했고, 또 누가 피해를 봤는지는 분명히 드러난다. 당시 정국이 동인과 서인의 정쟁이 가열화 되어 갔던 시대상황을 통해 이 사건의 전개 과정을 찬찬히 읽어보면 드러난다. 분명한 것은 이 사건 초기에 잠깐 서인들이 부상한다. 그해 11월 8일 서인의 수장격인 송강 정철이 정언신을 대신하여 우의정을 맡으면서다. 정철은 우의정에 임명되어 수사 책임자인 위관을 맡았다.

역사는 "정여립이 반란을 꾀하고 있다"는 고변에서 시작해, 그 뒤 1592년 초까지 2년 6개월 간 그와 관련된 '1천명의 동인들이 희생된 사건'이라고 규정하고 있지만, 사실은 다르다.

물론 동인과 서인간의 정쟁으로 비화된 면은 분명히 있다.

당시 역모 혐의로 상소문이나 심문과정에서의 진술서에 이름이 오르내렸던 인물은 대부분이 동인으로, 서인들에게 있어서 이 사건은 정국의 전환을 꾀할 수 있는 절호의 기회로 인식되었던 것은 분명하다.

'동인 피해자 1천명' 설! 기축옥사 발발 260여년 뒤에 태어난 이건창(1852-1898)이 쓴 〈당의통략〉에 '3년 동안 학살당한 동인은 처형과 유배를 포함해 1,000명에 달했다'고 기술해 이를 정사인 냥 썼고, 이게 통용돼왔다.

그러나 이를 세심히 살피면 완전히 다른 결과가 나온다. 기축옥사 초기 서인이 반짝 주도 했고, 이후 2년 4개월은 유성룡이 중심이 된 주류 동인이 이 옥사를 주도한다.

게다가 피해자 숫자가 부풀려졌다. 기축옥사에 대하여 동인의 입장에서 그 전말을 정리한 책 〈동사척실(東史齲实)〉에 따르면 이발 등 죽임을 당한 사람은 31명이었다. 그리고 귀양 간 사람 27명, 옥살이한 사람 32명, 파직당한 사람 18명 등이다. 귀양 가거나 옥살이 한 사람까지 포함해도 피해자는 90명이다. 오히려 이 책에서는 주류 동인 자신들의 만행을 축소시킨 것은 아닌지 의심이 들 만했다. 실제로 동인들에 의해 피해를 입은 서인들은 피해자로 적시하지 않았다.

최근 논문에서는 사망 115명, 귀양 29명, 수감 54명, 파직 34명으로 총 232명[74]으로 밝히고 있다. 그러나 주류 동인들에 의해 비주류 동인 이발의 노모와 어린 아들의 죽임 같은 그 가족들의 피해, 그리고 주류 동인들에 의해 자행된 서인의 죽음, 대대적인 귀양과 파직 등의 피해 숫자까지 포함된 것인지는 알 수 없다.

송익필과 정철은 기축옥사 발발 한 달여 만에 권력의 쓴 맛을 본다. 한 사람은 권력에서 밀려나고, 또 한 사람은 오히려 채포되는 신세가 된다.

전술했듯이 기축옥사로 큰 피해를 입은 측도 많은 서인이 포함되고, 또 동인도 계파로 갈린다. '동인'도 '다 같은 동인'이 아니었다. 주류 동인이 서인을 제거하고, 비주류 동인(호남 동인, 남명계 동인)에게도 큰 상처를 주는 가해자가 된다.

실제 주로 남명 조식 계열의 경상우도 동인과 전라도 동인과 서인 사림의 피해가 컸다. 오히려 주류 동인인 유성룡·김성일 등 퇴계 이황 계열의 경상좌도 사림은 이 사건을 계기로 승승장구한다. 이들은 호남계 동인과 조식 계열 동인들의 피해를 외면했을 뿐만 아니라, 오히려 이들에게 칼을 겨눠 피해를 입힌다. 기축옥사 발발 두 달여 만에 이 사건 수사 책임자로 나서 가해자 위치에 선 것이다.

비주류 동인은 기축옥사로 인해 직·간접적으로 피해를 당한 이들은 옥사 만연의 주된 책임자로 서인을 지목했고, 서인에 대해 엄청난 분노의 감정을 품게 되었지만, 자신들이 피화할 당시에 적극적으로 옹호해주지 않은 주류 동인, 그리고 직접 역모 관련자가 아닌 가족들에게 피해를 준 유성룡 이산해 이양원 등 유력 주류 동인계 인사들에 대해서 더 큰 불만을 가지게 되었다.

같은 동인이더라도 임금과 가까운 유성룡, 이산해 등 주류 동인은 피해를 보지 않았을 뿐만 아니라 승승장구 했고, 이들은 위관을 맡아 옥사의 처리에 주도적으로 참여하여 원성을 샀다.

이렇게 심화된 갈등은 같은 붕당 안에서 함께 할 이유를 찾지 못할 정도가 되었고, 결국 남 · 북동인으로 갈리게 된다. 동인 내에 북인과 남인으로 확연하게 구분되어 붕당이 나누어진 데는 기축옥사가 가장 중요하고도 뚜렷한 변수로 작용하였던 것이다.

기축옥사로 1천여 명의 동인계가 피해를 입었다고 했다면, 마땅히 이산해와 유성룡은 파면되었거나 피해 당사자가 돼야 했다. 당시 동인계 쌍두마차는 좌의정 이산해와 예조판서 유성룡이었다. 그러나 당시 권력은 사실상 이 두 사람이 주도한 가운데 동인계가 잡고 있었다. 그것도 콘크리트 권력이었다. 위관을 맡게 된 정철은 1개월짜리 권력에 불과했다. 그 뒤 무섭게 임금 선조의 태도가 돌변한다.

희생자는 오히려, 비주류 동인과 서인들

기축옥사 전 기간 30개월 가운데 93%에 해당하는 28개월을 주도한 주류 동인에 의한 서인들의 피해는 상상 이상으로 컸다. 기축옥사가 발발하던 그해 1589년 12월 14일 전라 유생 정암수 등이 이산해 · 정언신 · 정인홍 · 유성룡 등을 지적하는 상소[75], 12월 15일 조헌이 방면되어 돌아오는 길에 대신을 지적하는 상소를 올리자 "조헌은 간귀"라고 지목[76]한 일, 그리고 12월 16일 "송익필 · 송한필 형제를 체포하여 추고하라"고 전교[77]한 뒤부터 서인들의 대대적인 희생이 따랐다.

실제로 1589년 12월 1일 서인계인 이조 판서 홍성민을 내치고, 동인계 수장인 유성룡이 이조 판서에, 예조 판서에 권극례를 임명하는 인사를 전격 단행[78]한다. 이조판서가 서인에서 동인 유성룡으로 넘어간 것은 인사권을 동인이 장악했다는 것을 의미한다. 이조판서는 조선시대 육판서(六

判書) 중의 하나이고, 이조의 으뜸 벼슬이다. 모든 문관들의 인사권을 가졌다. 문관의 임용, 공훈 및 봉작, 인사 고과, 정무 등을 담당해 그만큼 힘이 실리는 실권을 갖는 관직이었다. 신임 이조판서 유성룡의 첫 인사는 12월 16일에 이 역모사건을 이끈 재령 군수 박충간을 형조 참판으로, 전 안악 군수 이축을 공조 참판으로, 신천 군수 한응인을 호조 참의로[79] 삼고, 밀고인 학사 이수 · 강응기를 당상으로 승진시켜 권부 전면에 내세운다. 동인들 탄압이라고 했던 기축옥사 고변을 주도한 인사들을 정치 전면에 내세운 것이다. 그 맨 앞자리에 유성룡이 있었다.

유성룡의 부상과 함께 정철은 이미 임금 눈 밖에 있었다. 제대로 수사를 진두지휘할 수 없는 상태가 됐다. 임금과의 대화나 지시 통로도 송강 정철에서 그 윗선 이산해로 바꾼다. 12월 1일, 임금 선조는 "역적의 문도 중에 적당(賊党)의 진술에 관련되지 않은 자는 중한 율(律)로 다스리지 말라"고 명[80]하고, 이어 12월 7일과 9일에 잇따라 동인계 영상 이산해에게, "역적과 관련하여 지나치게 논핵한다. 잘 이끌라", "역적과 관련해 의논이 과격한 사람은 제재하라"[81]며 사실상 정철의 권한을 제동 거는 전교를 내린다. 임금이 지적한 "의논이 과격한 사람"은 사실상 송강 정철이었다.

송강 정철을 중심으로 본 **기축옥사**

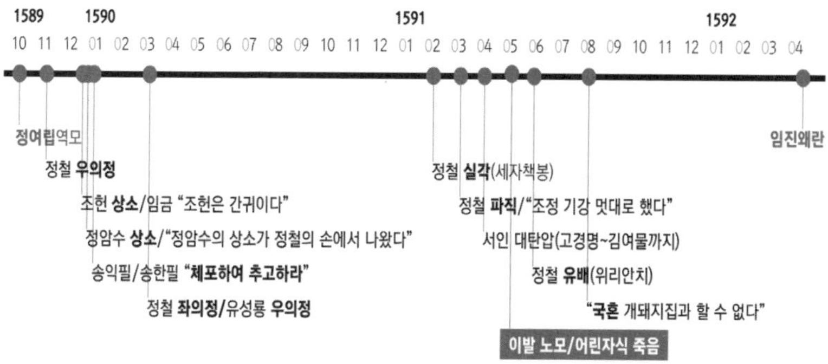

어쩌면 선조와 동인들이 만든 각본에 서인이나 송강 정철이 잠시 활용 된 것이 아닌지 의심이 들 정도였다. 물론 이 이전부터 임금 선조는 이산해와 유성룡을 지극히 두둔하고 있긴 했다. 임금 선조 자체가 사실상 동인계와 함께 했고, 친 유성룡계나 마찬가지였다.

정철이 위관을 맡은 지 1달째인 12월 8일, 임금 선조는 백유양의 초사에 유성룡이 언급됐다. 유성룡은 백유양의 진술에서 자신의 이름이 나왔다고 실토했다. 이는 서애집-서애선생 연보에도 나온다.

처음에 선생(유성룡)은 고향에 있으면서 여러 번 부름을 받고도 부임하지 않자, 백유양이 조정에 나오도록 권하라는 뜻으로, 정여립에게 편지를 썼다. 이때 와서 정여립의 옥사가 일어

나자 그 글이 조정에 입수되었고 백유양의 진술에서 선생의 성명이 나왔다.[82)]

역모에 몰린 백유양의 진술에 유성룡 이름이 나왔지만, 임금 선조에게는 이것은 문제도 아니었다. 선조는 이와 관련해 "백유양의 초사가 유성룡에게 무슨 관계가 된단 말인가. 유성룡은 금옥(金玉)처럼 아름다운 선비로, 유성룡의 심지(心志)를 저 태양에 묻는다 하더라도 부끄럽지 않을 것임을 내가 이미 알고 있으니, 조금도 개의치 말라"[83)] 고 두둔했다.

오히려 그로부터 1주일쯤 뒤에 전라도 유생 정암수와 양산룡 등이 연명으로 올린 상소에서 "이산해와 유성룡 등을 지목하여 역당이다"라고 하자, 이를 '정철이 사주한 것'[84)]으로 몰아갔다. 결국 정여립 사건 한 달 만에 동인들 세상이 됐고, 서인들은 정치적인 위상이 크게 줄게 된다. 정철을 구석으로 내몬 것이다.

"동인들을 몰락시킨 사건"으로 알려진 기축옥사 전말은 사실상 "정철과 서인들에게 치명상을 입히는 사건"이 되고 만다. 그 뒤에는 동인들의 굳건한 버팀목 임금 선조가 서 있었다.

서인들의 상소에 임금은 귀를 닫고, 오히려 유성룡을 두둔하는 한편 정철을 "음모를 꾸민 간인(奸人)"으로 취급했다. 임금 선조는 "국가의 반역으로 인하여 일어난 역변을 이용하여 감히 무함하는 술책을 써서 근거 없는 말을 날조하고 사사로이 속이고 있는 소(疏, 임금에게 올리던 글)를 올려 현명한 재상들을 모조리 지척(指斥)하여 온 나라가 텅 빈 뒤에야 그만두려고 하니, 그 속셈을 따져 보면 장차 어찌하려는 것인가. 그 흉악한 모양을 한 양상이 해괴하다"라며 "주동자(정암수, 양산룡 등) 10명을 잡아들여 추국하고 법에 따라 죄를 물어야한다"[85]고 명령을 내린다.

임금이 유성룡 등 동인들을 비호하고, '간신배들을 멀리하시라'는 충성어린 상소자들에 대해서는 강경한 처벌에 나선다. 이 상소가 있고 난 뒤 대대적인 서인 탄압이 가해진다. 건저문제 이후 서인 탄압은 노골화 된다. '당시 양사가 정암수와 양산룡 등 주모자 10명의 국문을 반대했다'는 명목을 들어 양사 인사들을 탄핵[86]하기도 했다. 동인들이 "당시의 양사가 권간의 사주를 받아 논계하였다고 탄핵하면서 파직시킬 것"을 청하자 임금이 "허락"한 것이다. 이 일로 대사헌 최황, 집의 성영, 장령 심희수 · 윤섬, 지평 신잡 · 우준민, 대사간 이증, 사간 오억령, 헌납 백유함 · 유대진, 정언 강찬 · 이흡 등 서인들이 대거 탄핵[87]됐다.

정암수와 양산룡의 상소 하루 뒤인 1589년 12월 15일에 또 사달이 벌어진다. 이날 중봉 조헌이 석방되어 돌아오면서 이산해와 유성룡 등을 겨냥한 소를 올렸고, 앞서 양산숙과 양산숙의 매형 김광운이 시사(時事)를 평하고 풍자하며, 당시 권력의 상층부인 이산해와 유성룡 등을 겨냥한 상소를 올린 것에 대해 시비를 걸었다. 임금 선조는 이 상소에도 "가소로운 일", "방자하다", "간귀(奸鬼)"[88] 등 격한 말을 총동원해 맹비난했다.
임금은 "소를 올려 조신들을 모두 배척하면서 유독 우상(송강 정철) 등 몇 명만 찬양하는데, 이것은 가소로운 일이다"라며 "조헌은 간귀이다. 그는 아직도 두려워하지 않고, 조정을 업신여기며, 방자하고 거리낌이 없다. 이 자는 마천령을 다시 넘을 것(다시 귀양을 보낼 것)이다"라고 엄포를 놓았다. 마천령은 함경북도와 함경남부에 걸려있는 산맥이다. '마천령을 다시 넘을 것'이라고 한 것은 험지 중의 험지로 다시 귀양 보내겠다는 의미다.

"조헌은 간귀이다. 대 사면령을 임금의 뜻을 묻지도 않고 서둘러 받아들였다. 극히 잘못된 일이다. 그날 출근한 당상(정삼품 이상의 당상관)을 면직시키고, 낭청(정오품 통덕랑 이하의 당하관)은 추고하라."[89]

수세에 몰렸던 서인들이 정여립 역모사건으로 동인을 공격하는 것처럼 보였지만, 불과 1개월 만에 또다시 '서인 수세'로 몰린다. 동인들은 이 일 뒤 정국의 전환을 꾀할 절호의 기회로 삼았다.

임금 선조도 "이것은 간인이 사주하여 내 마음을 몰래 시험하여 조정을 쓸어버리려는 계략이다"[90]라고 규정하고 "이산해는 충성스럽고 신중하며 너그럽고 후덕하고, 유성룡은 학문이 순정(純正)하고 국사에 마음을 다하니 멀리서 바라만 보아도 공경심을 일으키게 된다"[91]고 두둔했다.

기축옥사, 그 역사의 중심에 선 동인

오히려 서인들에게 보란 듯이 동인들이 중심으로 부상한다. 1589년 말 영의정 유전(柳坱)이 타계해 빈 영의정 자리에는 동인 이산해를 앉히고, 역시 동인인 유성룡을 이조판서 겸 우의정으로 승진시킨다. 동인 권력을 더 공고히 한 것이다. 정여립의 반란 모의 사건으로 시작된 기축옥사는 결국 동인들을 몰락시키기는커녕 오히려 동인계 정권을 공고히 다진 계기가 된다. 이때 정철도 좌의정에 오르지만, 벌써 기축옥사 발발 2개월 뒤인 12월 초중부터 임금 선조의 눈 밖으로 밀려나 있었다. 사실상 정철은 정치적으로 실각 상태나 마찬가지였다. 서인에 대한 불이익 인사는 물론이고, 임금 선조는 정철을 심하게 대한다.

정철이 기축옥사 발발 한 달여 만인 1589년 11월 8일자로 우의정 자리[92]에 올라 '서인의 부활'이라는 신호탄을 쐈지만, 그로부터 불과 한 달 만인 12월 9일, 임금 선조는 "역적과 관련하여 의논이 과격한 사람은 제재하라"고 이산해에게 전교하면서 실권을 잃게 된 것이다. 정철의 권한에 제동을 건 것이다. 이 선상에서 송강 정철을 실각시킨 세자책봉 문제인 '건저의 사건'이 나온다. 동인들에게는 눈엣가시였던 송강을 그렇게 몰아낸 것이다.

'1,000여명의 동인계가 피해를 입은 사건'이라고 알려진 기축옥사는 동인이 중심이 된 정치사에서 벌어진 일이었다. 이를 정철이 주도한 사건으로 몰아가고, 이를 확산한 측면이 없지 않다.

1590년 8월에 임금 선조는 난을 진압한 공신들에게 녹훈을 줬다.

평난공신(平難功臣)은 1등에 박충간, 이축, 한응인 등 3인을, 2등에 민인백, 한준, 이수, 조구, 남절, 김귀영, 유전, 유홍, 정철, 이산해, 홍성민, 이준 등 12인과, 3등에 이헌국, 최황, 김명원, 이증, 이항복, 강신, 이정립 등 7인으로 모두 22인이다.[93] 이들 가운데 정철, 홍성민 등 몇 명을 제외하고는 대부분은 동인일색이었다. 게다가 동인인 김귀영 이하, 유전, 유홍, 이산해, 정철, 홍성민, 이준, 이헌국, 최황, 김명원, 이증, 강신, 이정립 등은 추관(推官)으로 죄인의 복초를 직접 받아낸 인물들이다. 이를 종합해보면 가축옥사 출발에서부터 그 역사의 중심에 주류 동인들이 추관을 맡아 역할을 담당했다는 것이다. 평난공신에 빠진 유성룡은 이날 광국공신(光國功臣)의 녹훈자로 녹권을 받았다. 이 공신 녹훈 이후는 어떠했을까? 주류 동인들에 의한 참혹한 비주류 동인 가족들의 탄압과 죽음, 그리고 곧이어 대대적인 서인 탄압시대로 돌입한다.

이발의 노모와 어린자식을 누가 죽였나?

이발의 노모와 어린 자식을 누가 죽였나?

많은 희생자가 나온 '기축옥사'에서 가장 억울한 죽음을 당한 이는 이발의 노모와 어린 아들이었다. 사건 이후, 여론은 이들의 죽음에 책임이 있는 사람으로 정철과 유성룡 두 사람을 지목하여 공방을 벌였다. 이발의 노모와 어린 자식이 죽었을 때 위관을 누가 맡았느냐에 모아지고 있다. 이 죽음이 논란이 되는 이유는 노모와 어린 아들이 너무 가혹하게 형벌을 받다 사망했기 때문이다. 82세의 이발 노모와 어린 아들까지 엄형(嚴刑)으로 죽임을 당했다.

동인들은 소위 '정철 위관론'을 퍼뜨렸다. "기축옥사를 두고, 서인이 동인을 제거하기 위해 꾸몄다"거나, "당시 추국청 위관을 맡았던 정철이 옥사를 확대했다"는 등 흉흉한 소문이 잇따랐다. 그런데 이발의 노모와 아들들이 국문을 받다가 죽었을 시기는 1591년 5월의 일이었다. 그해 5월 〈수정선조실록〉에 "이발의 가속들이 추죄되자 조헌이 찾아가 이발의 어머니 윤씨를 뵙다"[94]는 기록이 있다.

서애 유성룡을 중심으로 본 **기축옥사**

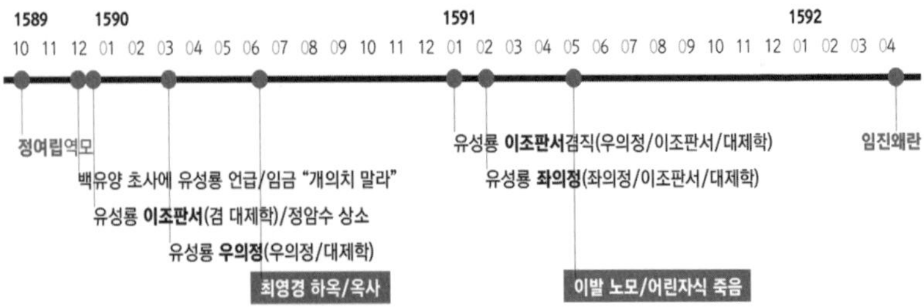

조헌이 이발의 가속이 추죄(追罪)된다는 소식을 듣고는 충청도 옥천에서 술을 싸들고 올라와서 윤씨가 떠나는 것을 보고자 길가에 서 있었는데, 윤씨가 보고는 몹시 놀라면서 '공은 어찌하여 나를 보러 왔는가. 우리 아들이 공의 말을 들었으면 어찌 이런 일이 있었겠는가.' 하고는, 큰소리로 통곡하였다. 조헌이 술을 따라 올리자 윤씨는 '노부(老婦)가 항상 술을 가까이 하였으나 이 변란을 당한 뒤로는 한 모금도 마시지 않았다. 그러나 공의 정성이 감격스러워 다 마시겠다.' 하고는 연거푸 몇 사발을 마시었다. 조헌이 북도에 있을 때 어느 수령이 모구(毛裘)를 선사하였는데, 조헌이 받아서 자신이 입지 않고 윤씨에게 바치니, 윤씨가 '죽어서 아들을 지하에서 만나면 이 일을 말해 주겠다.' 하였다. 드디어 서로 바라보고 통곡하면서 헤어졌다.[95]

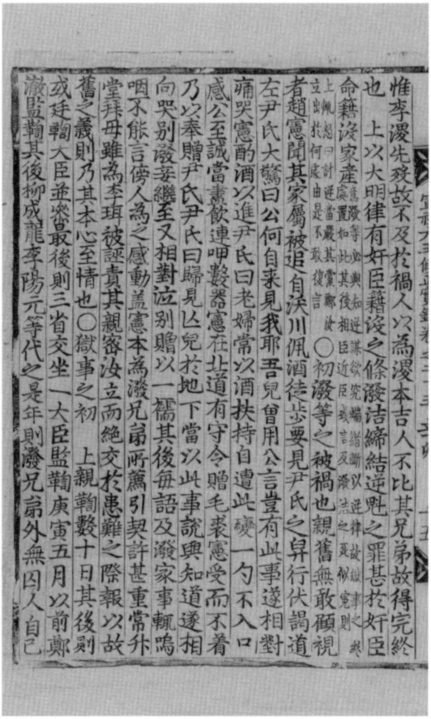
惟李潑先死故不及於禍人以爲潑本吉人不比其兄弟故得完終
也 上以大明律有奸臣籍沒之條潑洁締結逆魁之罪甚於奸臣
命籍沒家産意潑等必與知逆謀欲究端緒以逆律故獄事之終處置如此其後相臣近臣或言及潑洁之冤則
上輒怒曰討逆當嚴其黨與汝立曲於何處由是不敢復言○初潑等之被禍也親舊無敢顧視
者趙憲聞其家屬被追自沃川佩酒徒步要見尹氏之舁行伏謁道
左尹氏大驚曰公何自來見我耶吾兒曾用公言豈有此事遂相對
痛哭憲酌酒以進尹氏曰老婦常以酒扶持自遭此變一勺不入口
感公至誠當盡飮連呷數器憲在北道有守令贈毛裘憲受而不着
乃以奉贈尹氏尹氏曰歸見亡兒於地下當以此事說與知道遂相
向哭別潑妾繼至又相對泣別贈以一襦其後毋語及潑家事輒嗚
咽不能言傍人爲之感動蓋憲本爲潑兄弟所薦引契許甚重常升
堂拜母雖爲李珥被誣責其親密沒立而絶交於患難之際報以故
舊之義則乃其本心至情也○獄事之初 上親鞫數十日其後則
或廷鞫大臣並參最後則三省交坐一大臣監鞫庚寅五月以前鄭
澈監鞫其後柳成龍李陽元等代之是年則潑兄弟外無囚人自己

〈수정선조실록〉 1591년 5월 1일,
조헌이 이발의 어머니 윤씨를 뵙다

애초에 이발 등이 화를 입을 때 친구들 가운데 감히 돌보는 자가 없었다. 조헌(趙憲)이 이발의 가속이 추죄(追罪)된다는 소식을 듣고는 옥천(沃川)에서 술을 싸들고 올라와서 윤씨(尹氏)가 떠나는 것을 보고자 길가에 서 있었는데, 윤씨가 보고는 몹시 놀라면서 '공은 어찌하여 나를 보러 왔는가. 우리 아들이 공의 말을 들었더라면 어찌 이런 일이 있었겠는가.' 하고는, 큰소리로 통곡하였다. 조헌이 술을 따라 올리자 윤씨는 '노부(老婦)가 항상 술을 가까이 하였으나 이 변란을 당한 뒤로는 한 모금도 마시지 않았다. 그러나 공의 정성이 감격스러워 다 마시겠다.' 하고는 연겨푸 몇 사발을 마시었다. 조헌이 북도(北道)에 있을 때 어느 수령이 모구(毛裘)를 선사하였는데, 조헌이 받아서 자신이 입지 않고 윤씨에게 바치니, 윤씨가 '죽어서 아들을 지하에서 만나면 이 일을 말해 주겠다.' 하였다. 드디어 서로 바라보고 통곡하면서 헤어졌다.

이 때 정철은 파직 상태였다. 정철은 앞서 두세 달 전, 2월과 윤3월에 권력을 상실한다. 건저문제 때문이다. 정철이 56세 때, 이산해와 유성룡의 계략에 빠져 혼자서 광해군의 세자 책봉을 건의하다 신성군을 염두에 두고 있던 선조의 노여움을 사서 체직된다. 정철은 윤3월 14일에 파직을 당한다. 정철은 당시 실권 없는 영돈령부사로 내몰리고, 빈 좌의정 자리는 유성룡 차지가 됐다. 우의정 자리마저 이양원이 차지했으니, 영의정 좌의정 우의정 3정승이 모두 동인계였다. 파직당한 정철을 5월에 진주로 유배되려다가, 선조가 아주 변방으로 옮기라고 명령하여 그해 7월 20일에 함경도 강계로 유배를 간다. 따라서 이발의 노모와 어린 자식의 죽음은 송강 정철이 권한을 잃은 뒤 유성룡의 권력 아래 벌어진 일이다. 서인의 몰락은 동인의 부상이었다. 이 때 유성룡과 마찬가지로 김성일도 승승장구한다. 1591년 3월 정3품의 당상관직인 성균관대사성 겸 승문원부제조가 되고, 이어 7월에는 집현전의 정3품 당상관직 부제학이 된다. 김성일이 당상관 이상만이 참여하는 경연에 입시하여 최영경 문제를 꺼내 정철 등 서인을 집중 공격한 것도 이즈음이다. 그리고 그해 12월에는 임금 선조의 가장 밀접한 측근인 승정원 동부승지가 된다.

이발의 노모와 어린 자식을 죽음으로 몬 것은 누가 주도했을까? 당시 권력의 상층부에 유성룡이 있었다. 유성룡은 1591년 2월 우의정과 이조 판서를 겸하다가, 이발의 노모와 아들이 죽임을 당할 때, 유성룡은 좌의정으로 수직 승진하고, 역시 권력의 핵심인 이조 판서를 겸하고 있었다. 권력이 유성룡 한사람에게 쏠려 있었던 때다.

송강 정철이 체직 당하자 유성룡이 이 자리를 차지한 것이다. 이 때 이발의 노모와 어린 자식들을 잡아다 중형으로 국문하여 80세 노부인은 결국 장형(杖刑)으로 죽었다.

송강과 서애, 이 두 사람과 함께 한 이정암(1541-1600)과 황혁(1551-1612)의 기록에 이발의 노모와 어린 자식이 죽임을 당할 때 장면이 나온다. 그해가 신묘년이었다. 또 "송강이 위관에서 체직되자 유성룡이 이를 대신하였다"며 당시 위관은 송강 정철이 아니었다고 기록하고 있다. 이정암과 황혁은 당시 임금 선조를 지근거리에서 모신 승지로 있을 때, 이 기록을 남겼다.

> 송강이 위관에서 체직되자 유성룡이 이를 대신하였다. 이발의 노모와 어린 자식들을 잡아다 중형으로 국문하여 80세 노부인은 결국 장형(杖刑)으로 죽었다. 그 후에 이양원, 최흥원 또한 추관(推官)이 되어 이발의 어린 아들 명철(命鉄)을 국문하였는데 그의 나이는 10세가 채 되지 않았었다. 상이 "즉사하지 않은 것은 반드시 형을 엄히 다스리지 않았기 때문이다." 하면서 꾸짖자, 이양원 등은 두려워하여 나졸로 하여금 어린아이의 목을 부러뜨려 죽이도록 하였다.[96)]

이정암의 수기 가운데 대강 이르기를, "나(이정암)는 신묘년 2월에 승지로 전근되었는데, 형방(刑房) 사무를 맡아 역적 무리들을 국문하는 데 참가하였는데, 부인과 어린아이들까지 모두 맞아 죽으니 마음속으로 그 원통함을 알지만, 좌우를 서로 보며 감히 말하지 못하니, 비참하구나!" 하였다.[97)]

그 당시 문사낭청(問事郎庁)이 목격하고서 이 사실을 말하였다. 동인들이 역옥의 추관이 마음대로 법 적용을 할 수 없다는 것을 왜 모르겠는가. 그러나 결국 노모와 어린 아이를 구해 주지 못했다. 이를 사세(事勢)가 그러했기 때문이라고 대답했다. 당시 위관은 유성룡이나 이양원이었던 것이 거의 확실하다. 그런데 이발 노모와 어린자식, 그리고 최영경의 죽음을 모두 송강에게 돌려놨다. 동인들은 이발과 정철 간에 있었던 갈등을 문제 삼아 이발의 가족 죽음에 정철이 관여 했다고 몰아갔다. 후세엔 도마질 할 때 "철철철" 한다는 뉴스도 만들었다.
그러나 이런 무함은 많은 이들로부터 반발을 샀다. 진사 유경서 등의 강렬한 상소가 있었다.

이발과 이길이 죽은 뒤에도 임금께서 이발 등은 여러 번 역적 공초에 나왔으니 같이 참여한 것이 틀림없다 하여, 이발의 어미 윤씨와 여러 아들들을 묶어다 국문하라 명하였으므로 이발의 어미는 드디어 신묘년(1591년) 5월에 압사(压沙)의 형벌

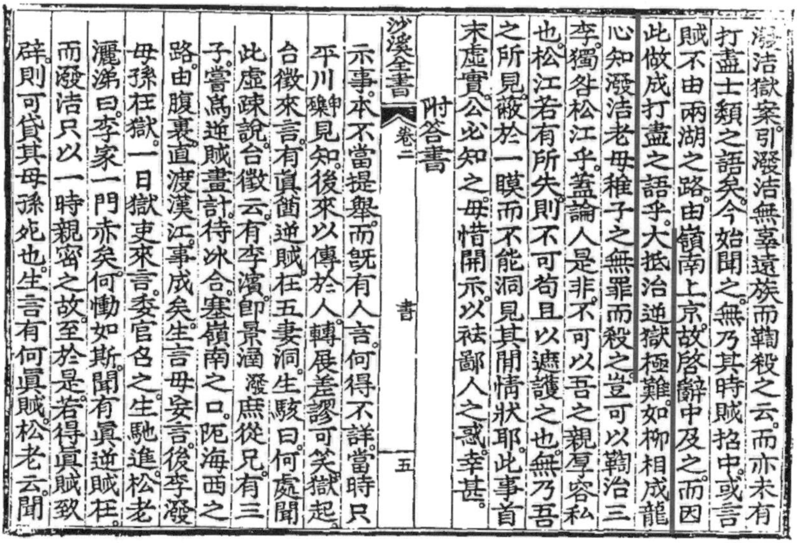
澄浩獄案。引澄浩無辜遠族而鞫殺之云。而亦未有打盡士類之語矣。今始聞之。無乃其時賊招中或言賊不由兩湖之路。由嶺南上京。故啓辭中及之。而因此做成打盡之語乎。大抵治逆獄極難。如柳相成龍心知澄浩老母稚子之無罪而殺之。豈可以鞫治三李。獨咎松江乎。蓋論人是非。不可以吾之親厚容私也。松江若有所失。則不可苟且以遮護之也。無乃吾之所見蔽於一瞑而不能洞見其間情狀耶。此事首末虛實。公必知之。毋惜開示。以袪鄙人之惑。幸甚。

附答書

示事。本不當提擧。而旣有人言。何得不詳。當時只平川(申砬)見知。後來以傳於人。轉展差謬可笑。獄起。合徵來言。有眞箇逆賊在五妻洞。生駭曰。何處聞此虛疎說。合徵云。有李濱卽景涵潑庶從兄。有三子。嘗爲逆賊畫計。待氷合。塞嶺南之口。阨海西之路。由腹裏直渡漢江。事成矣。生言毋妄言。後李潑母孫在獄。一日獄吏來言。委官名之生馳進。松老灑涕曰。李家一門赤矣。何慟如斯。聞有眞逆賊在。而潑洁只以一時親密之故。至於是。若得眞賊致辟。則可貸其母孫死也。生言有何眞賊。松老云。聞

沙溪全書 卷二 書 五

김장생이 이항복에게 쓴 편지

"재상 유성룡과 같은 사람으로서도 마음속으로는 이발, 이길의 노모와 어린 자식들의 무죄를 알면서도 그들을 죽였는데…"라고 쓰고 있다. /사계전집

로 죽었습니다. 정철은 이미 이해 윤3월에 참언을 입어 조정을 떠났고, 이양원과 유성룡 등이 서로 위관이 되었으니, 실로 이 옥사는 정철이 관여하지 않은 것이 명백합니다.[98]

김장생은 이항복에게 쓴 편지에서 "유성룡이 이발 노모와 어린 자식들이 무고한지 알면서도 죽였다"고 쓰고 있다.

재상 유성룡과 같은 사람으로서도 마음속으로는 이발, 이길의 노모와 어린 자식들의 무죄를 알면서도 그들을 죽였는데…[99]

김장생이 쓴 송강 행장에 임진왜란 발발 뒤, 유배지에서 돌아온 정철이 유성룡에게 이발 노모와 어린 자식을 왜 죽였느냐고 따졌다는 대목이 나온다.

> 공(정철)이 유성룡에게 말하기를, "이발의 노모와 어린 자식을 공(유성룡)은 어찌하여 죽였습니까?" 하니, 유성룡이 말하기를, "공(정철)이었다면 그들의 죽음을 구할 수 있었겠습니까?" 라고 되물었다. 공(정철)이 "나라면 구했을 것입니다." 하자, 유성룡이 말하기를, "그처럼 할 수 있었겠습니까?" 하였다.[100]

안방준이 편찬한《기축록》에도 이와 관련된 글이 나온다.

> "이발의 80노모가 압슬(壓膝)을 당해 죽은 것과 같은 경우는 참혹한 모습과 원통한 심정을 고금 천하에 일찍이 듣지 못한 것이다. 당시 위관은 유성룡이었는데, 태연히 앉아 보고만 있고 한 마디도 그를 구하려고 하지 않았다."[101]

남평 생원 홍최일(洪最一) 등의 소에도 이발의 노모가 죽임을 당했을 때 위관은 정철이 아닌 유성룡과 이양원이었다고 적고 있다.

이발의 어미 윤씨의 죽음은 과연 원통함을 입었으니, 이것은 정철이 중상모략으로 조정을 떠난 뒤요, 정철을 대신해서 위관이 된 자는 유성룡과 이양원이었으니, 당시에 정철에 관한 일의 전말은 온 나라사람들에게 뚜렷하게 드러났습니다.[102)]

1608년 11월 22일 광주목사(広州牧使) 신응구도 정철이 아닌 당시 위관들이 노모와 어리 자식을 구원하지 못했다고 통탄해 했다.

"정철이 위관에서 체직된 뒤에 이발의 80된 어머니와 열 살 된 아들까지도 곤장 아래서 죽었으니 그의 원통함을 행인들도 모두 말했는데, 그 당시의 추관들 역시 법을 인용하여 구원하지 못했습니다. 기축옥사의 변고가 일어나자 정철이 성혼에게 보낸 편지에 오로지 사대부의 화를 구원하겠다고 말하였으며, 이발과 원수지간이라는 것은 온 나라 사람들이 알 정도였으나, 당초 국문에서는 힘써 구원해 북도에 정배되었다가 역적 무리의 횡설수설하는 공초로 인해 중도에 도로 붙잡혀 돌아와 죽음을 면할 수 없게 되었습니다."[103)]

다른 상소에서도 "이발 노모와 어린 자식의 죽음은 송강 정철이 아닌 전적으로 유성룡과 이양원의 책임 아래 이뤄진 일"임을 지적했다.

> 승지 황혁이 기축 사변 초에 문사낭청이 되었다가, 신묘년에 이르러 승지가 되어 국청에 줄곧 참가해서 이 옥사의 시말을 자세히 알고서 그 역시 기축기사를 쓴 것이 있는데, 그 한 조목에 이르기를, "신묘년에 나(황혁)는 승지로 국문하는 자리에 왕래했는데, 당시 위관은 유성룡이었다. 이발의 노모는 나이 90에 가까웠고 그 아들은 겨우 어린아이를 면했는데, 다 압사(壓沙)의 형벌로 엄하게 국문하니 곧장 쓰러지지 않는 이가 없어서 비참하기 그지없었다. 설령 이발이 정말 역모에 대해 들었다고 할지라도 90노모와 나이 차지 않은 아이를 연좌함은 부당한데, 위관이 태연히 생각을 움직이지 않고 묵묵히 한 마디도 않으니 이것을 또 어찌 하겠는가." 하였으니, 이발 어미가 신묘년(선조 24)에 유성룡의 손에서 죽은 것이 어찌 분명하고 분명하지 않겠습니까.[104]

역사를 바꿔 허물을 남에게 씌워서는 안된다는 지적도 나왔다. 또 유성룡의 손자 유후상과 이양원의 손자 이우진이 역사를 알면서도 선조의 부끄러움이 개입된 역사를 날조해 송강 정철을 모함했을 것이라는 주장이다.

마침내 이발 어미가 죽은 허물을 정철에게 씌웠던 것입니다. 그들의 생각은 대개 이발 어미의 죽음은 신묘년(선조 24년)에 있었던 일이 아니라, 경인년(선조 23년)에 있었다고 한 뒤에야 정철에게 허물을 돌릴 수가 있고, 유성룡과 이양원의 죄를 벗길 수 있었던 것입니다. 그러므로 후상 등이 이에 감히 그 조상이 재상된 날짜를 꾸미고, 이발 어미 죽음을 당한 연조(年条)를 바꾸어서 혼란하게 하는 계책을 삼고 있으니, 신들은 청컨대, 이발의 어미가 치사(致死)된 연월에 혹 타인이 기록한 곳이 있으므로, 명확히 사실에 의거해서 그 망령됨을 꺾어 부수고자 합니다.[105)]

1609년(광해군 1년) 2월 5일 지평 한찬남 등이 '기축 역옥에 걸린 이발 등을 신원해주기를 아뢰는 상소'를 올리자, 사초를 쓰던 예문관 검열이 "이발의 모자가 죽음에 나아간 것은 대개 유성룡이 위관이 되었을 때"라며 "유성룡도 그의 억울함을 알았을 텐데 구원하지 못했다"고 주장했다.

후세에서 기축년 옥사를 논하는 자들은 모두 위관 정철에게 죄를 돌린다. 정철이 비록 술을 좋아하고 말이 가볍고 포용하는 아량이 없긴 하였으나, 그 청렴하고 깨끗한 절조는 사람들이

미치기 어려운 것이었다. 역옥이 일어남에 미쳐 성상의 노여움이 진동하여 죄에 걸린 자는 반드시 죽었으니, 그 사이에 죄를 입은 자가 어찌 다 정철이 없는 사실을 꾸며 날조해서이겠는가. 정철이 재삼 차자를 올려 최영경 · 이발 등의 억울한 내용을 힘써 진술하였고, 또 탑전에서 그들의 억울함을 극력 호소하였고 보면, 그가 힘을 다해 구원하고 풀어주려 했던 일은 많은 사람이 본 바이니 어찌 숨길 수 있겠는가. 또 그때의 두 차자가 지금 세상에 돌아다니니 사람들이 어찌 숨길 수 있겠는가. 이발의 모자가 죽음에 나아간 것은 대개 유성룡이 위관이 되었을 때이다. 성룡도 그의 억울함을 알았으나 능히 구원하지 못하였으니, 이 어찌 정철이 알 수 있는 바이겠는가. 정언신은 과거 여립과 이미 서신을 교통했으면서도 여립을 전혀 알지도 못한다고 임금을 속여 거의 형장(刑杖) 밑에서 죽게 되었는데 정철이 극력 구원하였으니, 이것이 과연 정철이 없는 사실을 꾸며 날조한 것이겠는가. 오늘날 정철을 논하는 자들이 당시의 사적을 자세히 모르면서 한갓 정철에게 죄를 돌리려고만 한다면 정철 역시 그 죄에 승복하지 않을 것이다. 이발 등에 대한 신원(伸冤)이 비록 공론에서 나오긴 하였지만, 이발 등이 죄를 입은 것을 모두 정철 한 사람에게만 돌리는 것은 공의(公議)라 할 수 없다. 아, 정철을 공격하는 것은 다름이 아니라 단지 한 가지 일을 가지고서 다른 편을 공격하는 기화(奇貨)로 삼으려

는 것일 뿐이다.[106]

이발과 송강 정철 둘 사이는 그럴 사이가 아니라는 주장도 있다.

김장생은 동인인 김우옹에게 이렇게 말했다. "이발의 이름이 처음 역적의 공초에서 나왔을 때, 송강이 계사를 올려 구명하여 정배(定配)되었으나, 그 후 역적의 공초에 자주 그의 이름이 나와 구명하지 못하고 죽게 된 것입니다. 그러니 송강이 그 사이에 무슨 일을 관여하였겠습니까. 최영경도 시종 구명을 해주었는데 어떻게 죽였다고 말하겠습니까."[107]

이건창이 쓴 당의통략에도 송강 정철은 이발을 구원했고, 오히려 유성룡이 이발을 구원하지 않아 죽었다고 쓰고 있다.

이발은 평소에 명예를 중시했다. 정철은 비록 이발을 미워했지만, 누차 임금에게 상언하여 "이발은 여립과 교제했어도 그를 아끼기만 했지, 알지 못하였을 뿐입니다. 천하에 어찌 두 여립이 있겠습니까?"라고 하였다. 임금이 듣지 않고 더욱 심문하라고 하달하였는데, 정철은 유성룡에게 대신 위관을 맡아달라고 청하였다. 이때 이발은 누차 형벌을 받아 죽음에 이르렀다. 유성룡과 이발은 모두 동인이었지만 서로 화목하지 못하였고, 두려워하며 삼갔으니 감히 구원하지 못하여 (이발은) 결국 장살 되었다.[108]

정철은 임금에게 "이발이 정여립과 사귄 것은 정에 이끌려서 그가 악한 것을 알지 못했기 때문입니다. 천하에 어찌 우여립이 있겠습니까?"라고 변호해 그를 구원하려 했다는 것이다. 게다가 이 기록에는 '누차 형벌'을 받아 죽음에 이르렀다는 대목이 나온다. 귀양을 보냈다가 다시 불러 추국한 것으로 보인다. 이발이 죽음에 이르게 된 당시 그 추국의 당사자가 정철이 아닌 유성룡이라는 기록이다. 정철은 이 추국에 앞서 이발을 살리기 위해 유배를 보냈던 것으로 보인다. 정철은 추국 과정에서 임금 선조가 "당장 죽여라!"하고 명령을 내릴 때도 가능한 죽이지 말고, 차라리 귀양을 보내자는 쪽을 택했다는 기록들이 자주 나온다.
수정선조실록 1589년 11월 1일자 기록에 이발은 동생 이길과 함께 임금에게 문초를 받은 뒤, 유배형을 받았다.

정언신 등을 임금이 직접 문초하여 정언지 · 홍종록 · 이발 · 이길 · 백유양은 모두 한양에서 먼 곳으로 귀양을 보내라고 명하

였고, 오직 정창연만 석방하였다.[109)]

그랬던 그가 어떤 이유에서인지 다시 불려오게 되고, 유성룡이 정철을 대신해 그를 문초해 죽음에 이르게 했다는 것이다. 위관 정철이 이발 구명을 위해 계청했는데, 유성룡 등 다른 사람들은 언급을 하지 않아, 임금이 위관을 바꾸라는 명령을 내렸다는 주장도 있다.
기록에 정철은 이때부터 임금 선조에게 밉보인 인물이 되기 시작해, 한 달 뒤에는 아예 조헌 배후자, 정암수를 부추긴 사람으로 인식이 되어, 임금 눈에서 멀어지게 된다.

이발과 이길의 죽음은 네 번이나 적의 문초에서 나왔는데, 당초에 찬배(竄配)되었다가 다시 나포되자 정철이 회계에 부르짖기를, "경연(經筵) 사이에 한 사람의 여립(汝立)이 나온 것도 이미 불행한데 어찌 두 여립이 있겠습니까." 하였고, 이길이 뒤따라 심문을 받을 때에, 정철은 이길이 이발과 백유양과는 다르다는 것을 마땅히 계청(啓請)해야 한다고 하니, 영상 이산해는 일어나 나가고, 우상 유성룡은 대답이 없자, 정철이 홀로 계청했는데, 성상께서 위관을 바꾸라는 명령을 내리셨으니, 당시의 곡절을 대충 살펴볼 수 있습니다.[110)]

이발이 귀양을 갔다는 다른 기록도 있다. 1589년 12월 8

일자 선조실록에 나온다.

> 이발은 역적 정여립과 서찰로써 서로 통하고 깊이 결탁하여 그 친밀함이 마치 부자 · 형제와 같아서 적당들의 초사에 재차 나왔으니 원방(遠方; 한양에서 먼 곳)에 안치할 것을 의금부에 이르라."[111]

이발이 다시 잡혀 와 죽임을 당한 것은 낙안향교 교생 선홍복(宣弘福)의 진술 때문이었다. 12월 12일자 선조실록 기록에 나온다.

> 그의 초사에 이발 · 이길 · 백유양 등이 관련되어 모두 곤장을 맞고 죽었고, 이급 또한 장형으로 죽었다.[112]

이날 선조실록과 수정선조실록의 기록이 다르다. 선조실록에는 정철이 선홍복을 시켜 이발 · 이길 · 백유양을 끌어들인 것[113]이라고 주장한 반면, 수정선조실록에서는 역적의 가서(家書)를 보게 되었는데 그 중에 이발의 서찰이 가장 많았다[114]고 쓰고 있다. 이발 등의 죽음이 이른 원인이 정철의 모함 때문이냐? 아니면 정여립과 오고간 많은 편지 때문이냐?로 갈리게 된다.

눈길이 끄는 것은 이 이일이 발생하기 바로 직전인 12월 9

일 임금이 좌상 이산해에게 정여립 사건 논의의 파급을 자제하도록 하라[115]고 하교하는 기록이 있다.

며칠 전 좌상 이산해에게 하교하였는데, 그 내용은 대강 '정여립과 결교(結交)한 사람들을 논란하는 것은 진실로 옳은 일이다. 그러나 요즘 상황으로 보아 사건이 널리 번질 조짐이 있으니, 의론이 과격한 사람은 제재하도록 권유하거나 혹 면대(面對)해서 아뢰기를 바란다.'[116]

이는 임금이 위관을 맡은 정철의 권한에 제동을 건 것으로 보인다. 기록에 송강 정철은 이 희생을 줄이려 다른 이에게 말하고, 또 다시 품의하는 등 노력했던 것으로 보인다. 그러나 이 역시 허사였다.

정철이 다른 대신에게 "이발의 죽음이야 어쩔 수 없거니와, 이길도 아울러 사형에 처해야 하는가?" 그리고 곧 독계(獨啓)하여 다시 품의하였으나 추가된 가형(加刑)을 면하지 못하였다.[117]

기록에 의하면 정철은 역적의 가서(집에 전하거나 간직하는 책, 편지)에 이발의 서찰이 가장 많이 나와 이발의 죽음은 피할 수 없었지만, 그렇다고 그의 형제마저 죽일 수 없다는 입장을 보여주고 있다. 이는 송강 정철이 위관으로 어떤 입장을 취했는지를 분명히 보여준다. 당시 임금 선조는 적가문서를 독점하고 있었다. 자신이 직접 친국하거나 위관의 신문과정에 참관해 역적과 관련된 편지를 흔들어 보여줘 죄를 묻기도 했다.

> 이발이 옥에 있을 때 이정란(李廷鸞, 1529-1600)에게 말하기를, "내가 조헌의 말을 듣지 아니하여 이 지경에 이르렀음을 후회한다."하였다.[118]

'최영경(崔永慶)'의 죽음 논란

최영경을 죽음으로 이르게 한 사건도 마찬가지다. 1589년 '정여립이 반란을 꾀한다'는 고변에서 시작해 1591년까지 그와 연루된 많은 사람들이 희생된 기축사화를 수우당 최영경도 피해갈 수 없었다. 모반사건의 주모자 길상봉으로 의심을 사 죽음에 이르게 된다. 최영경은 심한 고문으로 옥중에서 죽었다. 많은 선비들이 결백을 주장했지만 소용이 없었다.

수우당 최영경은 1590년 6월 1일 하옥되었다. 최영경이 하옥되기 3개월 전인 1590년 3월 1일, 유성룡이 우위정으로 오른다.[119] 이조판서였던 유성룡이 우의정에 오르고, 또 동인 2인방인 이양원은 우찬성에, 최황은 이조판서에 제수된다. 통상 우의정이 위관 또는 추관을 맡는 게 관례였다. 우의정이 위관을 맡았다면, 유성룡이 위관이 된 뒤, 최영경이 하옥된 것이 분명하다.

최영경의 하옥은 '길삼봉'으로 의심을 받았기 때문이다. 당시는 길삼봉이 누구인지 오리무중이었다. '최영경 무고'와 관련된 역사 기록도 당초 '길삼봉'만을 거론했지 '최영경이 길삼봉'이라고 적시하지 않았다.

세간에 '길삼봉이 최영경일 것'이라는 소문은 돌았으나 신빙성이 없었다. 그저 뜬소문이었다. 그런데 정작 최영경이 길삼봉으로 몰려 체포된 것은 동인계 인사 때문이다. 전라 순찰사였던 동인계 홍여순이 찰방 조기의 말을 듣고 체포에 나선 것이 계기가 됐다.

붙잡힌 최영경을 심하게 국문 했고, 줄줄이 증인들을 내세웠다. '길삼봉이 최영경'이라는 증거가 나오지 않았다. 정철 등 대신들이 최영경 석방을 주장했고, 결국 석방됐다. 오히려 최영경 석방을 반대하고 버틴 것은 간원들이었다. 당시 동인계 간원들이 정치를 장악하고 있을 때다. 이들의 주장으로 다시 최영영이 투옥된다.

최영경이 죽음을 당했을 때 위관이 송강 정철이 아니었다는 것은 사계 김장생 쓴 행록에 '김장생과 황신의 대화'록에 나온다.

정철이 다른 사람을 부추겨서 최영경을 죽였다는 구실로 죄를 만들려고 하였지 않은가? 그들은 당시 정철이 물러나고, 위관(재판관)이 다른 사람으로 바뀐 뒤 옥에서 죽은 사람까지도 그 죄를 모두 송강에게로 돌렸으니 사리에 맞지 않는 그 모략이 매우 가소로운 것이었네. 최영경의 옥사에 송강이 여러 번 임금께 아뢰어 구원하였고, 그를 두 번째 문초하자는 의견이 나온 것에 대하여는 본래 송강이 알지도 못하던 것이었네. 미운 감정을 품고 송강을 죽이려고 하던 저들 무리도 최영경의 죽음이 사실은 송강 때문이 아니라는 것을 어찌 모르랴.[120]

오히려 송강 정철은 최영경 구명에 노력했다는 증언이 여러 곳에서 나온다.

정철이 또 탑전(榻前)에서, "영경은 부모에 효도하고 형제간 우애로 이름난 사람으로, 역모를 알 리가 없을 것"이라고 두둔하고, 극구 진술해, 선조께서 곧 온화한 얼굴로 응대하기를 "내가 그 형제간의 편지를 보니, 효도와 우애가 과연 있는 듯하다" 하셨으며, 그를 잡아 면대함에 이르러 영경이 스스로 아뢰기를, "역적과는 편지 하나도 상통한 일이 없습니다." 하였는데, 역적이 최영경에게 준 글에 두류산(頭流山)에서 만나자고 약속한 것이 그 자의 집문서에서 나왔다[121]는 것이다.

조선시대 추국(推鞫)은 왕조 체제의 질서를 유지하기 위한 중요한 심리 과정이었다. 특히 추국은 범죄에 대한 명확

한 사실에 도달하기 위해 다양한 절차와 규정이 마련되었고, 동시에 형정에 인도적인 절차를 가미시킨 심리(審理) 체계였다.

추국(推鞫)은 조선시대 의금부 · 사헌부 · 형조 등 사법 기관에서 중대 범죄에 관련된 죄인을 심문하고 조사하여 사건의 진실을 밝혀 처벌하기 위한 심리 과정이었다. 추국은 일반 범죄는 물론이고 삼강(三綱)과 오상(五常)의 윤리를 거스르는 강상죄인을 심문하고 처벌하였다.

당시 추국청(推鞫廳)은 책임자인 위관 한 사람만이 있는 장소는 아니었다. 게다가 국가 전복을 기도한 역옥 사건은 국왕이 궁궐 마당에 국청(鞫廳)을 열어 친국(親鞫)을 하였다.[122] 나라에서 중죄인을 심문할 때 대간 · 사헌부 · 사간원의 관원과 육조의 관원이 합동으로 심문했다.

기축옥사 당시에도 백관이 서립(序立; 여러 관리가 늘어서)해 함께하도록 했다.

> "역적을 토벌하는 의리는 지엄(至嚴)한 것입니다. 백관을 서립(序立)시킨 가운데 형을 집행하는 것은 온 군중이 죄인을 버린다는 뜻을 보임이니, 지금 적신(賊臣)을 행형(行刑)하는 과정에서도 백관을 서립시키는 것이 마땅합니다."하자 임금이 그렇게 하라고 전교하였다.[123]

추국에는 현직 · 전직 대신과 의금부 당상관 및 양사 대간에서 참여하고 형방승지와 사변가주서(事變假注書; 정7품, 정원 외에 둔 국청을 맡는 주서)도 참석한다. 문사랑(問事郎)은 4명인데 의금부에서 4~6명의 후보자를 올려 1명을 선출하였다. 문사랑은 승지가 추안을 가져 오면 승전색(承傳色)으로 하여금 입계하도록 하고, 사관(史官)이나 선전관(宣傳官)이 가지고 오면 사알(司謁; 임금의 명을 전달하는 일을 맡아보던 정육품직)로 하여금 입계하였다. 추국 죄인에 대한 체포와 조사 및 형문은 한 사람의 대관의 계청으로 이루어질 수 없으며, 국청에서 합의한 후 임금의 허락을 받아 시행할 수 있었다.[124)]

이로 미루어 볼 때, 송강 정철이 위관을 맡았더라도, 자기 혼자 멋대로 심문하는 그런 구조가 아니었다. 국문에 참여하는 문사낭청의 차출을 비롯해, 당상관도 국문에 참여했다. 그리고 심문한 내용을 정리해 왕에게 보고한다. 이 때 최종적으로는 국문에 참여했던 당상관이나 문사낭청 등과 정리할 내용을 협의해야 했다. 이 과정에서 위관은 본인이 생각한 형률을 함께 보고했을 것이다.

정철이 위관을 맡을 때 문사낭청이 이항복이었다.

이항복은 1589년 예조정랑으로 있다가 역모사건이 발행하자 문사낭청으로 친국에 참여했다. 그는 신료 사이에 비난이나 분쟁이 있을 때 삼사에 출입하여 이를 중재하고, 시비를 비교적 공평히 판단, 해결하였다고 한다.
파당을 조성한 대사간 이발을 공박하다가 비난을 받고 세 차례나 사직하려 했던 그다.
건저문제로 송강 정철의 논죄가 있자 사람들이 자신에게 화가 미칠 것이 두려워 정철을 찾지 않았지만, 이항복은 좌승지의 신분으로 정철을 찾아가 담화를 나눴다. 이 일로 정철이 파직되었을 때, 그 역시 공격을 받고 파직되었다.

> 최영경의 옥사는 이미 경인년(선조 23)에 있었으니, 유성룡과 정철이 함께 재상으로 있으면서 서로 만나보지 않는 날이 없고 서로 꾸짖지 않는 일이 없었으니, 설령 말한 자들이 이르는 바와 같이 정철에게 영경이 억울한 죽음을 당했다면, 성룡이 어찌 같이 조정에서 무사할 때 책망하지 않고, 반드시 수년을 기다려 행조(行朝)에서 서로 만나는 경우에 비로소 그 말을 꺼내고, 그 이유를 묻겠습니까. 이치로 미루어 보면 얼토당토않은데, 후상 등이 이런데도 소중히 인용하기를, "이것은 곧 신의 할아버지가 손수 쓴 기록이다." 하니, 아! 성룡이 과연 이런 기록을 썼다면, 이것은 성룡이 비단 후세를 속일 뿐만 아니라

성룡이 스스로 자신의 마음을 속이는 것이며, 또 그 자손을 속인 것인데, 후상의 호소에 여러 번 인용해서 대비한 것이 다 이런 것이니, 그 사정이 참으로 가여워 노할 수조차 없습니다.[125)]

최영경 옥사가 길어지자 서인 윤두수가 차라리 귀양을 보내자고 청했다. 그러나 이 역시 불허 됐고, 결국 그해 9월 옥중에서 최영경이 세상을 떠난다. 그런데 막상 최영경이 죽자, '최영경을 죽음으로 몰고 간 이는 송강 정철'이라고 주장한다. 이 이야기를 집중적으로 주장한 것은 송강이 귀양 가고 난 뒤였고, 또 송강이 죽은 뒤에 이 소문이 더 많이 늘어났다. 이 때문에 동인들의 일방적인 소문성 주장이라는 이야기도 나왔다. 최영경이 죽음에 이르게 된 1590년 6월부터 9월까지 송강 정철은 험난한 여정을 살았다. 좌의정 이었지만 임금의 눈 밖으로 멀어졌고, 권력 밖으로 밀려났다.

임진왜란 직전 승정원의 일기를 기록하는 가주서(假注書)를 맡았던 박동량은 자신이 쓴 〈기재사초(寄齋史草)〉에서 자신이 본 서애 유성룡의 〈양구기(養久記)〉를 인용해 정철과 최영경 이야기를 전했다.

〈기재사초〉는 임진왜란 1년 전인 1591년(선조 24) 2월 3일부터 임진왜란 발발 초기인 1592년 6월 22일까지의 사

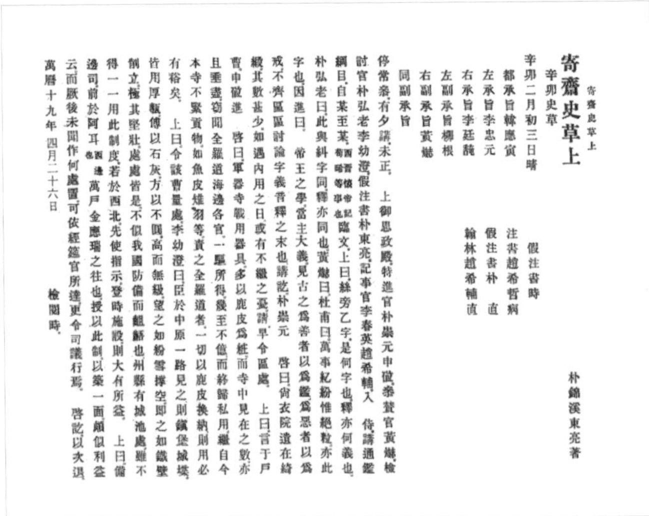
寄齋史草上

寄齋史草上 朴錦溪東亮著
辛卯史草
辛卯二月初三日晴 假注書時
都承旨韓應寅 注書趙希哲病
左承旨李忠元 假注書朴 直
右承旨李廷馣 翰林趙希輔直
左副承旨柳根
右副承旨黃璡
同副承旨
停常參有夕講未正 上御思政殿特進官朴崇元申磼參贊官黃璡檢
討官朴弘老李幼澄假注書朴東亮記事官李春英趙希輔入 侍講通鑑
綱目自某至某(西晉懷帝記衛略等事也)臨文上曰絲旁乙字是何字也釋亦何義也
朴弘老曰此與糾字同釋亦同也黃璡曰杜甫曰萬事紀紛惟絕粒亦此
字也因進曰 帝王之學當主大義見古之爲善者以爲鑑爲惡者以爲
戒不齊區區討論字義音釋之末也請訖朴崇元 啓曰尙衣院遺在綺
緞其數甚少如遇內用之日或有不繼之憂請早令區處 上曰言于戶
曹申磼進 啓曰軍器寺戰用器具多以鹿皮爲紩而寺中見在之數亦
且垂盡竊聞全羅道海邊各官一驅所得幾至不億而終歸私用繼自今
本寺不緊貢物如魚皮矮羽等貢之全羅道者一切以鹿皮換納則用必
有裕矣 上曰令該曹量處李幼澄曰臣於中原一路見之則鎭堡城堞
皆用厚甎傳以石灰方以不圓高而無級望之如粉雪撐空即之如鐵壁
制立極其堅壯處處皆是不似我國防備而齟齬也州縣有城池處雖不
得一一用此制度若於西北先使指示登時施設則大有所益 上曰備
邊司前於阿耳(西邊也)萬戶金應瑞之往也授以此制以築一面頗似利益
云而厥後未聞作何處置可依經筵官所達更令司議行焉 啓訖以次退
萬曆十九年四月二十六日 檢閱時

실을 일기체로 쓴 사초이다. 현재 남아 있는 임진왜란 당시까지의 사초로서는 유일하다. 승정원의 일기를 기록한 정통 사초가(가주서) 박동량 쓴 기록이라는 데 사료적인 의미가 크다.

내가 서애의 〈양구기〉에서 다음 이야기를 봤다. 서애와 송강이 안주에서 만났는데, 송강이 묻기를, "사람들이 '대감도 내가 감정을 가지고 최영경을 죽이려 한다'고 말했다는데, 이런 일이 있느냐?"라고 물었다. 이에 서애가 대답하기를, "그 때에 본 형적(形迹)이 비슷했기 때문에 일찍이 이런 말을 한 적이 있을 것이오"라고 대답했다. 송강이 이 말에 놀라했다.

박동열은 "정철이 나라의 일을 맡은 대신으로서 제대로 진정(鎭定)시키지 못하였으니 마땅히 이것을 가지고 논해야 하지만, (동인들이)기회를 타서 배척하여, 죄에 빠지게 했다는 죄로 논한다면 (정철이)원통하지 않겠습니까."[126] 했다. 이에 대사간 이기, 사간 이상의, 헌납 최관,[127] 그리고 지평 황시, 정경세 등 동인들이 일제히 나서서 정철의 관직을 추삭할 것과 박동열을 체차할 것을 아뢰었다.[128] 동인들의 대대적인 서인 공세였다.
이들은 최영경의 죽음은 정철의 책임이라고 지적했다. 이에 임금 선조가 "최영경의 일에 대해서는 바로 나의 죄일 뿐이니 다른 사람을 탓할 수 없다."[129]고 대답했다.

임금마저도 정철을 적극 지목하지 않았으나, 훗날 유성룡이 편찬했다는 〈최영경전〉에 "최영경이 평상시 성모(성혼을 말함)와 교분이 두터웠는데, 성모가 정철과 서로 결탁하자, 최영경은 '정철을 형편없는 소인'이라고 말하였다. 이 때문에 성모와 교분도 끝났다. 사람들은 정여립의 옥사가 정철 때문에 일어났고, 성모 또한 협조했을 것으로 의심했다. 그 후 성모가 정철을 사주하여 최영경을 죽이고, 아울러 그 관작까지 빼앗았다고 말한다"고 했다. 이에 훗날 명재 윤증은 "근거 없는 소설 쓰기"라고 문제 삼았다.

"〈최영경전〉은 바로 서애 유성룡이 찬(저술)한 것이다. 서애는 1583년(선조16, 계미삼찬) 이후 간악한 무리의 뿌리가 되었다. 그러나 그 조짐을 깊이 감추고 일찍이 스스로 드러낸 적이 없었으나, 중봉 조헌의 상소문에서 이른바 '드러냈다가 곧바로 머리를 감춘다'고 한 비판은 실로 그 상황을 제대로 알고한 말이라고 본다. 또한 이 〈최영경전〉은 남의 말을 들어 거짓 핑계를 대며 사사로이 근거가 없이 소설 쓴 것으로 정인홍의 행동보다 심했다."

전쟁 중인 1594년, 유성룡이 영의정일 때 동인들이 고인이 된 송강을 "최영경을 모함해서 죽였다"라고 사건을 몰아갈 때 여러 선비들이 "온당치 않다"며 강력히 반발했다.
옥당과 양사에서도 정엽의 의견에 동조하고 나선 이가 많았다. 그러나 이들에게는 혹독한 처벌이 기다리고 있었다. 유성룡이 장악한 조정에서 발을 못 붙이게 체직시킨 것이다.

1594년 갑오년(선조27)에 동인들이 공이 최영경을 모함해서 죽였다고 생각하여 장차 죄안(罪案)을 만들려고 할 적에 정엽은 수찬으로서 다른 의견을 내세워 따르지 않았고 옥당(玉堂)과 양사에서도 정엽의 의견을 따른 이가 많았다. 응교 윤방,

집의 신흠, 장령 이경함, 사간 신경진과 이시언, 정언 박동열과 박동선, 지평 조수익, 정언 이시발 등과 같은 사람들은 모두 다른 의견을 세워 버티다가 체직되어 뿔뿔이 외직으로 전보되었다.[130]

1608년 11월 22일 신응구가 상소했다.

"신은 듣건대, 정철이 인대하는 날 최영경을 위해 효성과 우애 그리고 기절(氣節)이 있다고 진달하였고, 또 익명시(匿名詩)에 대해 추고할 때도 그를 위해 구원해 풀어주었다고 하였습니다. 정철과 영경은 본래 평생 동안 모르고 지내는 사이인데도 이같이 신구했던 것은, 어찌 성혼이 편지를 보내 구원을 청했기 때문이 아니겠습니까. 때문에 갑오년에 정철을 논의하던 때에 바로 '얽어 죽였다.'고 말하지 않고 '겉으로는 구원해 주는 척 하면서 속으로는 빠뜨렸다.'고 말했던 것입니다. 그러더니 임인년에 이르자 다시 이 말을 성혼에게 사용하여 소장을 올려 구하지 않은 것을 성혼의 허물로 삼았습니다. 그 당시에 성혼이 부름을 받고 서울에 들어와서 당파를 없애고 형벌을 완화하란 말을 거듭 아뢰었으나, 받아들이지 않자 끝내 물러가고 말았습니다. 그가 영경의 옥사에서 위관에게 편지를 급히 띄운 것만으로도 그의 마음을 넉넉히 볼 수 있습니다. 어찌 감히 자신이 말할 수 있는지의 여부도 돌아보지 않고 함부로 자신의 분수에서 벗어나는 상소를 올릴 수 있었겠습니까.…(중략) 언신에게 사사하란 명이 내려지던 날에도 추국하던 여러 신료들이 입을 다물고 한 마디 말도 꺼내지 못했으나, 정철이 회계할 것을 주창해 두 차례까지 회계하여 사형을 면하였습니다. 그런데 성혼이 이것들을 어떻게 그의 본심이 아니라고 여겨 그를 믿지 않을 수 있겠습니까."[131]

정언신의 경우도 마찬가지다. "정언신을 죽이자"고 한 이로 정철을 들지만, 실제 선조로부터 "정언신을 즉각 사사하라!"는 하교가 있었으나 정철이 이를 말렸다는 것이다.

정언신에게 사사하라는 분부가 내려질 때에도 정철이 애써 주달해서 두 번이나 진달하여 죽음을 감했습니다.[132]
정언신을 사사하라는 전교가 내리던 날에 온 조정이 서로 돌아보고 놀라서 입이 붙어 감히 말 한 마디 하는 사람이 없었으되, 정철만이 혼자 회계(回啓)하기를 주장해서, '조송조에서는 반역죄 이외에는 대신 한 사람도 죽인 적이 없어서 후덕한 풍속이 조송(趙宋, 조광윤(趙匡胤)이 세운 송나라를 일컬음) 때와 다름없었으니, 지금도 마땅히 조송조의 법을 따라야 하고 감히 다른 의논이 있을 수 없습니다.' 하며 재계(再啓)까지 하여서

> 죽음을 감하게 되었습니다. 이러므로 정철이 유배지에 있을 때에 정언신의 형제 집에서 위문이 끊이지 않았습니다. 그 아들 정협이 한 번은 정철이 지은 현판시(懸板詩)를 보고 말하기를, '이 어른이 아니었더라면 우리 집의 화가 어느 지경에 갔을지 모른다.' 하면서 탄식하였다 합니다. 그러니 정철의 구원은 최영경 한 사람뿐이 아닐 것입니다.[133]

정철은 "반역 죄인을 제외하고는 대신을 죽여서는 안 된다"고 말려, 감형되어 갑산에 유배를 보냈다는 것이다. 임금의 "강경한 처벌" 주장에 대해 오히려 정철은 '철저한 수사'와 '처벌은 신중하게'를 주장한 것이다. 오히려 최영경을 알았던 선비들이 많았고, 이들 가운데 유성룡 등 동인들이 한마디도 구제하려는 말도 하지 않았다고 지적하고 있다.

> 당시에 크고 작은 조정의 신하들이 최영경과 아는 자가 많았는데도 말 한 마디라도 해서 구제하는 사람이 있었다는 말을 듣지 못했습니다.[134]

유성룡의 졸기에서도 이런 대목이 나온다. 선조실록과 수정선조실록에서 모두 유성룡이 임금에게 직간했다는 말이 없다.

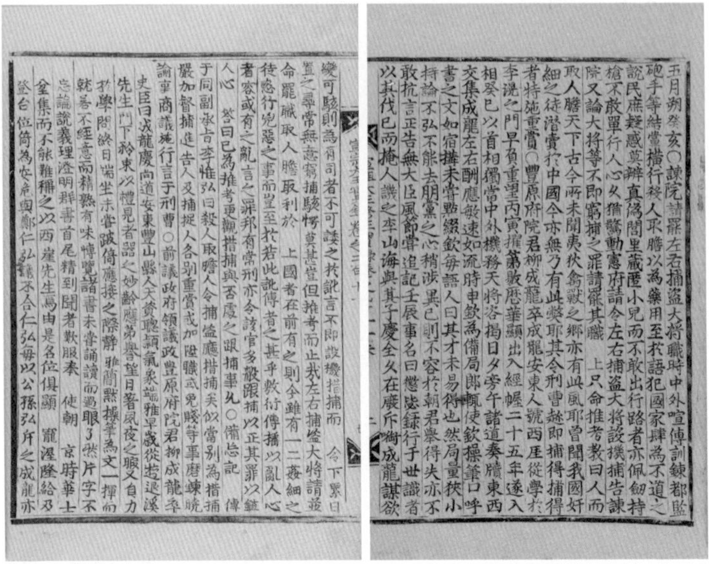

유성룡 졸기 왼쪽은 선조실록에 실린 졸기이고, 오른쪽은 수정선조실록에 실린 졸기이다.

(유성룡은)규모(規模)가 조금 좁고 마음이 굳세지 못하여 이해가 눈앞에 닥치면 흔들림을 면치 못하였다. 그러므로 임금의 신임을 얻은 것이 오래였었지만 그가 직간했다는 말을 들을 수 없었다.[135)]

기축년의 변에 산림(山林)의 착한 사람들이 잇따라 죽었는데도 (유성룡이)일찍이 한마디 말을 하거나 한 사람도 구제하지 않고 상소하여 자신을 변명하면서 구차하게 몸과 지위를 보전하기까지 하였다.[136)]

국량(局量)이 협소하고 지론(持論)이 넓지 못하여 붕당에 대한 마음을 떨쳐버리지 못한 나머지 조금이라도 자기와 의견을 달리하면 조정에 용납하지 않았고, 임금이 득실을 거론하면 또

한 감히 대항해서 바른대로 고하지 못하여 대신(大臣)다운 풍절(風節)이 없었다.[137]

"최영경을 구출하려고, 상소문을 초안하여 놓고 올리지 않았다."[138]

유성룡의 연보에 나온 글이다. 자신이 우의정이 되고서 최영경의 죽음에 직면하고도 상소문을 써놓고 올리지 않았다고 알렸다. 이는 자신이 임금에게 직언이나 직간하지 못했음을 여실히 드러낸 것이나 마찬가지다.

그리고 연보에는 유성룡이 사리를 따져 가며 정철에게 설명하니 정철이 "유성룡 그대가 이러한 생각이 있으면 왜 상감께 말씀을 드리지 않소."라고 했다는 것이다. 이에 유성룡이 "이것은 중대한 옥사니 제삼자가 어떻게 감히 말을 하겠소. 오직 옥사를 담당한 사람만이 풀어 줄 뿐입니다."라고 했다[139] 는 것이다. 이는 유성룡의 연보를 작성한 후대 인사가 최영경 죽음은 유성룡 자신과는 무관하다는 것을 알리기 위한 변명을 하기 위해 쓴 것으로, 이 역시 유성룡의 우유부단한 성격을 여실히 드러냈다. 게다가 최영경이 옥에 갇혔을 때 적어도 1달 또는 3달 전에 유성룡은 우의정으로 승진해 있었고, 따라서 이 당시 위관이 정철이 아닌 유성룡으로 바뀌져 있었다는 주장도 있고, 또 당시 임금 선조는 정철보다는 유성룡과 이산해에 힘을 실어준 때였다는 기록도 있다.

송강 정철이 위관이 된지 한 달여 만인 1589년 12월 9일에 임금이 이산해에게 하교하였는데, 요즘 상황으로 보아 사건이 널리 번질 조짐이 있으니, 의론이 과격한 사람은 제재하도록 권유하거나 혹 면대(面對)해서 아뢰기를 바란다.[140]고 경고했다.

그해 12월 14일에 임금 선조의 심기를 건드린 정암수의 상소가 정철의 손에서 나왔음을 알게 되었다[141]고 특정하기까지 했다.

> 안방준의 〈기축기사〉에 "이발의 82세 된 어머니와 8, 9세 된 어린 아들이 압슬형을 당해 죽은 경우는 참혹한 모습과 원통한 심정을 고금 천하에 일찍이 듣지 못한 것이다. 유모(유성룡)가 위관으로서 태연히 앉아 보고만 있고 그를 구하려고 한 마디도 말도 하지 않았다. 그렇다면 유성룡은 정철에 대한 죄인이다."[142]

기축옥사 기간에 벌어진, 서인 탄압

임진왜란 직전, 정사 황윤길-부사 김성일 엇갈린 보고

정철이 실각된 한 달 뒤인 1591년 3월 1일, 통신사 일행의 보고 일정이 조정에 잡혀 있었다. 동인들의 함정으로 정철은 임금 종친의 일을 맡는 당시 실권 없는 영돈령부사로 물러났고, 그가 앉았던 좌의정 자리는 동인계 수장 유성룡이 차지했다. 우의정 자리마저 이양원이 차지했으니, 3정승이 모두 동인계로 채워졌다. 그들은 임금의 권력을 훔치기 위해 서인들을 집중 공격하고 잘라낸다. 동인이든 서인이든 권력은 그 속성상 상대의 감시를 받지 않으면 반드시 썩게 되어 있다. 그래서 성공한 정치가 되려면 권력이 서로 논의하고, '견제'가 살아 있어야 한다. 그것이 임금을 돕는 길이다.

그런데 그렇지 못했다. 유성룡과 이산해가 중심이 된 동인들만의 정권을 만들었고, 그 분위기 속에서 보고를 하게 한다.

서인인 정사 황윤길은 "일본이 많은 전함을 준비하고 있으

유성룡 "왜 침범해 온다 해도, 두려울 것이 없다"

황윤길 : "사장(事狀)을 보면 침범하지 않을 리 절대로 없습니다."
김성일 : "수길의 출입과 기거가 조금도 위용이 없고, 신들을 보는 날에도, 손에 어린애를 이끌고 동작이 정상이 아니었습니다. 신이 보기엔 한 광포한 사람에 지나지 않습니다. 그가 한 말이 모두가 마음속에 있는 말은 아니며, 비록 마음속 말이라 할지라도 기백도 없고 지략도 없는 일개 어리석은 도적에 불과한데 무슨 염려가 있겠습니까?"
허성은, 중립적이면서도 황윤길의 말을 두둔하였다.
임금 : "세 사람의 소견이 이렇게 다른 것은 어떤 까닭인가?"
조정도 가려내지 못하였다.
유성룡 : 동문인 김성일을 두둔해 "가령 풍신수길이 침범해 온다 해도, 그 행동거지를 들어 보건대, 두려울것이 없을 것 같습니다. 하물며 그 서계의 언사도 겁주기에 불과한데…"

박동량 〈기재사초(寄齋史草)〉 신묘사초(辛卯史草)

니 반드시 침략해올 것"이라고 했다. 이에 동인인 부사 김성일이 "신은 이러한 정황은 발견하지 못했는데, 황윤길이 장황하게 아뢰어 인심이 동요돼 도리에 매우 어긋납니다"라고 말했다.

정사와 부사가 상반된 견해를 내놓자 임금 선조는 주제를 바꿔 도요토미 히데요시의 관상에 물었다. 그런데 역시 다른 답이 나온다.

황윤길은 "그의 눈빛이 반짝반짝하여 담력과 지략이 있는 사람 같았습니다"라고 했고, 김성일은 "그의 눈은 쥐와 같으니 두려워할 필요가 없습니다"라며 전쟁 가능성을 부인했다. 김성일을 제외한 통신사 일행 대부분이 일본 침략을 경고했으나 유성룡이 임금 측근에 있고, 동인의 발언권이 강한 당시 상황에서 임금은 김성일의 의견 쪽으로 기울어

일단 축성 중단을 지시한다.
승정원의 일기를 기록한 가주서를 맡았던 박동량(1569-1635)이 가주서로 근무할 때인 1591년 2월 3일부터 5월 6일까지 기록한 임진왜란에 관한 기록을 담은 〈신묘임진사초(기재사초)〉에 이를 기록으로 남겼다. 이 기록을 보면 김성일 뿐 아니라 유성룡 등 당시 동인들의 집단 움직임이 있었다. 유성룡이 노골적으로 김성일을 비호하고 나선 정황도 드러난다. 그동안 유성룡이 〈징비록〉 등에 남긴 이야기와는 정면 배치된다.
황윤길 등이 돌아왔고, 먼저 황윤길이 임금에게 아뢰었다.

"그 사장(事狀)을 보면 침범하지 않을 리 만무합니다."

김성일이 "도요토미 히데요시의 걸음걸이 등에 위용도 없고, 신들이 만나던 날에도, 어린애 손에 끌려 나오는 등 움직임이 정상이 아니었습니다. 신이 보기엔 한 미쳐 날뛰는 사람에 지나지 않습니다. 그가 한 말이 모두가 마음속에 있는 말은 아니며, 비록 마음속 말이라 할지라도 기백도 없고 지략도 없는, 일개 어리석은 도적에 불과한데 무슨 염려가 있겠습니까?" 했다.
그 중간에 서 있던 허성은 황윤길의 말을 더 두둔하고 나섰다.
의견이 분분하자 임금이 "세 사람의 견해가 이렇게 다른 것은 어떤 까닭인가?"했다.
이에 유성룡은 동문인 김성일의 말을 두둔하고 나섰다. "설령 도요토미 히데요시가 침범해 온다 해도, 그 행동거지를 들어 보건대, 두려울 것이 없을 것입니다. 하물며 그 교섭 문서의 말투도 겁주기 위한 것에 불과합니다."
유성룡은 정사인 황윤길의 말을 무시하고, 일본의 침략 가능성이 없다는 입장에 선 것이다. 그는 또 왜가 침략을 해 온다고 해도 대수롭지 않다는 반응을 보인다. 임진왜란 불과 1년 전 유성룡의 발언이 그랬다. 게다가 5월 4일 오후 1시 선정전에서 있던 경연장에서 유성룡은 김성일보다 한 발짝 더 나간 발언을 한다. 이런 위중한 상태를 명나라에 보고하지 말자는 발언을 하고 나선다.

> "만일 그 실제를 탐지하지 않고 앞질러 명나라에 보고하여 변방의 소란이 있게 하면 온당하지 않을 것입니다. 푸젠(福建)성과 일본이 그리 멀지 아니하니 만일 이 보고가 일본 사람의 귀에 들리게 되면 의심의 틈이 생겨 벌의 독(해)을 불러들이는 일이 없다고 보장하기 어려울 것입니다. 서로가 이익은 없고, 손해만 있을 것이므로, 결단코

알려서는 안 될 것입니다."

그러나 임금은 "윤두수가 명나라에 보고해야 한다는 의견이 옳다"고 생각하고, 유성룡의 말을 막고 나섰다.
"피차의 이해관계는 논할 것 없고, 대의가 있는데, 어찌 보고하지 않을 수 있겠는가?"
유성룡은 반대 의견을 제시했지만, 그래도 임금은 명나라에 보고하기로 결론을 냈다. 그런데 다음날 석강(저녁에 있는 임금과 신하들의 강론)자리에 또 이게 거론된다. 당초 석강에 참석하지 않아야 될 김수(1547-1615)가 교리 심대(1546-1592)를 대신해서 석강에 참석해, 유성룡의 뜻을 대변하고 나섰다. 동인들의 집단행동이었던 셈으로 비춰질 일이었다.

기축옥사 서인 탄압-주류 동인 부상 기록(1591.2~1592. 4. 13)

1591년

2월

서인 정철 실각(건저문제로)

동인 3정승(이산해 영의정/유성룡 좌의정/이양원 우의정) 장악

3월

통신사 황윤길 등이 왜 사신 평조신 등과 돌아오다

윤3월

영돈녕 정철 파직(윤3월 14일)/동인 이원익 대사간-홍여순 대사헌/서인 유공신-이춘영 파직(윤3월 6일)

도승지 이항복 파직(정철의 죄상 방 내걸 때 윤색 하지 않았다며)

서인 유공신-이춘영 파직(윤3월 6일)

동인 이원익 대사간-홍여순 대사헌(윤3월 6일)

4월

서인 동래부사 고경명/전주 판관 조붕 파직 – 동인 정창연 · 신점 · 윤영현 · 송상현 등에게 관직(4월 4일)

서인 선공 정 유희규/장악원 정 이순수/지제교 고종후 파직(4월 11일)

서인 안상/이이수/홍순언/정복시/신광필/윤극임 등 파직시키소서(4월 12일)

동인 정탁 · 이증 · 강찬 · 유인길 · 유영순 등에게 관직을 제수(4월 16일)

6월

서인 정철 / 백유함 · 유공진 · 이춘영 찬배 요청(6월 23일)

동인 신담 · 오억령 · 심희수 · 민여경 · 조정 · 윤섬 등에게 관직 제수(6월 23일)

서인 윤근수 · 홍성민 · 이해수 · 장운익 등의 삭탈 관작 요청(6월 25일)

7월

서인 황정욱 · 황혁 · 유근 · 윤두수 · 이산보 등을 탄핵(7월 2일)

정암수 탄핵 반해한 최황/성영/심희수/윤섬/신잡/우준민/이증/오억령/백유함/유대진/강찬/이흡 탄핵(7월 5일)

동인 한응인 · 이원익 · 홍여순 · 신담 · 정창연 · 이덕형 등에게 관직 제수(7월 6일)

"정철에게 모함을 받아 배척된 사람들을 등용하라"(7월 17일)

동인 정창연 이조 참판/김성일 부제학 제수(7월 22일) – 서인 황정욱 처벌 요청

8월

동인 "국혼은 개돼지 같은 집과 할 수 없다"

서인 홍성민 · 이해수 · 윤두수 · 황혁 찬축 요청(8월 8일)

동인 이유징 · 조정 · 이상홍 · 김선여 · 기자헌 등 독서당 선발**(8월 8일)**

최영경을 무고한 양천경 · 양천회 · 강견 · 김극관 · 김극인 등을 국문(8월 13일)

서인 김여물/임예신/김공휘 등 파직(8월 16일)

동인 권극지 예조판서(8월 27일)

10월

서인 윤두수 이배(10월 21일)

서인 송부필 · 송익필 · 송한필의 죄를 청하다(10월 21일)

12월

서인 송한필 국문하다가 이성에 유배/송익필은 희천에 유배(12월 1일)

서인 윤만원/고성후 파직(12월 19일)

서인 정천경/김직재 파직(12월 22일)

동인 이헌국 · 이개 · 임국로 · 이덕형 등에게 관직 제수(12월 25일)

1592년

1월

서인 전 의주 목사 김여물을 금부에 회부(1월 1일)

동인 이덕형 대사헌(1월 1일)

4월

일본 조선 침략: 임진왜라 발발(4월 13일)

기축옥사 중간 1년 동안, 서인 탄압 – 희생자 속출

동인들은 건저문제라는 함정을 파 정철을 그 구덩이에 빠뜨리고, 서인들을 코너에 몰아넣은 뒤 칼자루를 손에 쥐고 한 행동이 충격적이었다. 정철 실각 뒤 동인들은 서인들을 겨냥해 총공세를 펼친다. 기축옥사 말미, 1591년 2월부터 임진왜란이 발발하던 1592년 4월 13일까지 1년 2개월 동안 자행된 일이었다.

권력을 쥔 동인들이 서인에 대한 파상공격을 감행한다. 정철을 '간철'이라며 간신 취급을 하고, 파직된 정철을 조당에 방을 붙여 욕을 보이게 한다. 그 죄상을 국인들에게 자세하게 보여줌으로써 뒷사람을 징계하기 위한다는 명분을 내세웠다. 정철 숙청 이후 그 화는 서인에게 미친다. 서인계가 줄줄이 숙청대상이 된다.

그 공세는 임진왜란이 발발했던 직전까지 이어졌다. 동인들은 서인들을 세차게 구석으로 몰아간다. 서인 유혈 숙청을 감행한다.

젊은 동인계 소장파를 앞장세운다. 동인계 생원 안덕인 · 윤홍 · 이진 · 이성경 · 이원장 등이 소장을 올려 "정철이 나라의 권세를 휘두르고 있으니 속히 축출할 것"[143]을 주장한다. 모함 인신공격에까지 나선다. 1591년 2월 1일, 이들 소장파들은 "좌의정 정철을 사실상 실각시키고 영돈녕부사로 끌어내린 뒤, 그 자리에 유성룡을 삼으면서 "정철이 나라의 권병(權柄)을 휘두르고 있으니 속히 축출할 것을 청하면서 종사에 관계되어 소장으로는 다 말할 수 없는 것이 있으니 면대하여 갖추 아뢰고자 한다"[144]고 말을 꺼냈다.

임금이 불러 말하고자 하는 것을 물으니 덕인 등이, "정철이 주색을 탐하여 나라의 어지럽히고 있다"[145]고 극언하였다. 정철을 깎아내리는 집요한 공세성 상소도 있었던 것으로 보인다.

임금이 "그 점은 내가 상소의 내용을 보았다"[146]고 했을 정도다.

동인들의 직격탄에 서인들은 고작 상소로 호소하는 것이 전부였다. 동인계의 서인 파상공세는 점입가경이다. "개돼지"[147]라는 발언도 등장한다. 임진왜란을 불과 8개월여 앞둔 1591년(선조 24년) 8월 8일자 선조실록에 따르면 왕자 순화군과 황혁의 딸과의 국가 혼사(国婚)를 앞두고 동인들이 집중 공세를 편다. 서인인 황혁을 겨냥해 "황혁은 조정

서인 공격에 "개돼지" 발언 동원

"홍성민 · 이해수 · 윤두수 · 황혁 등은 **정철에게 붙어** 당이 되어 간악한 짓을 하였으니 그 죄가 백유함의 무리보다 더하다. 멀리 찬축하도록 하소서. 상호군 박점은 **정철에게 붙어** 당이 되어 이조 참의가 된 뒤 음험하고 간사한 무리들을 끌어들여 요직마다 채우고 흉악한 기염을 도와 선동질하였으니 삭탈 관작을 하소서. 충청 감사 이성중은 사류 중의 한 사람으로서 **정철의 문하에 왕래**하면서 그 모의에 참여하였으니 파직하소서. 사인 우성전은 괴이한 의논을 내어 공론이 행해질 수 없게 하기를 좋아하였고 **정철의 무리가 되어** 편들었으니 파직하소서. 황혁은 조정에 죄를 얻었다. 국혼(國婚)을 개돼지 같은 집과 행할 수는 없으니 다시 정하소서."

1591년 8월 8일 선조실록

에 죄를 입혔다"며 "국혼을 개돼지와 같은 집과 할 수 없으니 바꾸소서"라고 봉변을 줬다.

양사가 나섰다. "홍성민 · 이해수 · 윤두수 · 황혁 등은 정철에게 붙어 당이 되어 간악한 짓을 하였으니 그 죄가 백유함의 무리보다 더합니다. 멀리 찬축하도록 명하소서. 상호군 박점은 정철에게 붙어 당이 되어 이조 참의가 된 뒤 음험하고 간사한 무리들을 끌어들여 요직마다 채우고 흉악한 기염을 도와 선동질 하였으니 삭탈관작을 명하소서. 충청 감사 이성중은 사류(士類) 중의 한 사람으로서 정철의 문하에 왕래하면서 그 모의에 참여하였으니 파직시키소서. 사인(舍人) 우성전은 괴이한 의논을 내어 공론이 행해질 수 없게 하기를 좋아하였고 정철의 무리가 되어 편 들었으니 파직시키소서. 황혁은 조정에 죄를 얻었습니다. 국혼(国婚)을 개돼지 같은 집과 행할 수는 없으니 개정(改定)하소서."했다.

"국가의 혼사를 개돼지 같은 집과 행할 수는 없다"는 엄청난 막말이었다. 이 말을 듣고 임금 선조는 "홍성민과 이해수는 아뢴 대로 하라. 윤두수 · 황혁은 이미 파직했으니 멀리 찬출할 필요는 없다. 박점과 이성중은 아뢴 대로 하라. 우성전은 평소부터 남의 입에 많이 오르내린 사람이고 역적의 공초와 서찰에 나온 적이 한두 번이 아니다. 이 사람은 10여 년 가까이 외방에서 배회하다가 요즈음 한두 번 입시(入侍)하였는데 사람 됨됨이가 매우 음험할 뿐 아니라 정철에게 붙어 한 무리가 되었다고 한다. 파직으로 그칠 수 없으니 삭탈 관직하라."[148]고 말한다.

그리고 이어 "혼사는 필부(匹夫; 신분이 낮고 보잘것없는 사내)라도 신의를 저버려서는 안 될 일인데 하물며 천승(千乘; 나라)의 임금에랴. 개정할 수 없다. 윤두수는 윤허한다. 황혁은 삭탈관작하여 문외 출송(門外黜送; 한양 밖으로 추방)하라. 국혼의 일은 윤허하지 않는다. 홍성민은 부령(富寧)에 유배하고 이해수는 종성에 유배하라."[149]고 용인한다.

2월 1일 좌의정 직에서 잘린 정철이 또 동인들의 입방아에 올랐다. 정철에 대한 분풀이를 하고, 서인계를 집중 공격한다.

선조실록에 따르면 이날 김권에게는 "당시 좌의정 정철의 죄를 논하려 했는데 동의하지 않았다"며 예조 낭관으로 벼슬을 끌어내렸고, 장운익은 "정철과 친밀한 사이였다"며 한직인 양양부사로 발령을 냈다.

> "우찬성 윤근수, 판중추부사 홍성민, 여주 목사 이해수, 양양부사 장운익 등은 정철에게 붙어 한 무리가 되어 간사한 무리들을 끌어들이고 자기들과 의견을 달리하는 사람을 배척하였으니 삭탈 관작 시키소서."하니, "아뢴 대로 하라"고 하였다. 윤근수는 원훈(元勳)이란 이유로 윤허하지 않다가 이튿날 윤허했고, 장윤익은 멀리 온성에 유배하였다."[150)]

반면 동인계는 강성 인사를 중앙으로 끌어 오는 인사를 단행한다. 저질성 발언으로 지방직을 전전해야 했던 동인 홍여순이 그 대상이었다. 홍여순은 동료들에게 "내가 만일 대간으로 들어가게 되면 간악한 당(서인을 지목)을 모두 쓸어버리겠다"[151)]고 한 것을 듣고, 그를 중앙요직인 헌장(憲長)으로 발령 냈다.

1591년 윤3월 표적은 전 좌의정 '정철'이었다. 정철에게 죄를 씌웠다. "조정의 기강을 마음대로 했다"며 '영돈령 직' 마저 파직시킨다.

> 양사가 합계해 "영돈녕 정철은 조정의 권력을 마음대로 농단하여 일세(一世)를 위세로 제압하였으니, 파직시키소서."하고, 정철에게 당부(党附)한 사인(舍人) 백유함의 죄를 논핵했는데, 상이 모두 따랐다.[152)]

정철은 건저문제로 2월 1일 좌의정에서 사실상 실권이 없는 영돈녕직으로 물러났었다. 영돈령은 조선시대 돈령부의 장관이었다. 주로 왕의 장인인 국구(国舅)에게 내리는 벼슬이나 정승을 역임한 사람이 맡기도 했다. 품계는 정1품이었으나, 정철은 실권 없는 영돈녕이었다. 이마저도 끌어내린 것이다. 정철이 파직된 것으로 분이 안 풀렸던지 조정에 방을 붙여 이를 대대적으로 알리라고 한다. 이 불똥은 도승지 이항복에게도 튀었다. "이항복이 정철의 죄상의 대해 윤색을 하지 않고 전교한 말만 기록하였다"하여 파직시켰다. 그로부터 서인에 대한 대대적인 숙청작업으로 이어진다. 첫 대상자는 서인계 거물 정치인인 동래부사 고경명과 전주 판관 조붕이었다.

임진왜란을 불과 1년 앞둔 1591년 4월 4일 사헌부는 "동래 부사 고경명은 본래 천성이 거리낌이 없어 부임한 후로 벼슬에 임명된 중대함은 생각지 않고 날마다 술에 빠졌다"는 명목을 들어 파직시킨다.

사헌부가 아뢰기를, "동래 부사 고경명은 천성이 본시 소탈하여 도임한 이후로 책임의 중대함은 생각지 않고 날마다 술 마시는 것을 일로 삼아 직무를 전폐하고 있습니다. 하루도 그 자리에 둘 수 없으니 파직시키소서. 전주 판관 조붕은 인물이 용렬하고 일을 당하면 조처할 줄을 모르고 형장(刑杖)만 남용하여 사람들이 감내할 수 없으니 파직시키소서."하니, 아뢴 대로 하라고 답하였다.153)

서인 탄압이 본격적으로 시작 된 것이다. 악랄했다고 밖에 볼 수 없는 일이었다. 서인 탄압 뒤 빈 자리는 동인들의 차지가 된다. 정창연 · 신점 · 윤영현 · 송상현 등에게 관직을 제수한다.

벼슬아치의 임면의 일이 있었다. 정창연을 병조 참지에, 신점(申点)을 강원 감사에, 윤영현을 왕자 사부(王子師傅)에, 송상현을 동래 부사에 제수하였다.154)

1590년 10월 부임해 불과 근무 6개월 만에 그 직을 흔든 것이다. 또 전주 판관 조봉에 대해서도 "인물이 용렬하고 일을 당하면 조처할 줄을 모르고 형장을 남용했다"며 파직을 요청했다. 파당의 힘은 셌다. 실제 파직시킨다.

동인의 칼춤은 멈추지 않았다. 그로부터 일주일 뒤인 4월 11일에는 고경명의 아들 지제교 고종후마저 사퇴시키고 만다.

고종후를 사퇴시키는 명목은 "지제교는 청망직(淸望職; 명망 있는 직)이므로 아무에게나 제수하는 직이 아니다"라며 "명망이나 의론이 본시 가벼워 응제(応製; 임금의 명령에 응하여 시문(詩文)을 지는 직책)의 직임에 합당치 않다"[155]는 옹색한 이유를 들먹거렸다.

동인계는 서인들을 겨냥해 총공세를 이어간다. 사퇴시킬 명분을 묻는 방법도 여러 가지가 동원됐다. 이날 서인 유희규에게는 "위인이 용렬하다"[156]는 명분으로, 서인 이순수는 "너무 노쇠하여 그 직에 합당치 못하다"[157]는 이유를 들었다. 또 유정량에게는 "급사중(給事中: 명나라 관직)을 만나 그가 임명되어 온다는 것을 들었으면서도 한마디 말도 하지 않아 중국을 떠받드는 예의를 손상시켰다"며 예조 당상과 색낭청 즉 담당 낭관(郎官))에서 파직시켰다.

"중국의 조관(朝官)이 국경을 순시할 때 우리 나라가 관리를 파견하여 인사를 치르는 것은 중국을 섬기는 지극한 뜻에서 나온 것으로 예부터 늘 행해 왔으므로 빠뜨릴 수 없는 행사입니다. 급사중(給事中)이 동쪽을 순시한다는 기별이 이미 처음 장계(狀啓)에 갖추어 있었으니 예조에서 제때에 관리를 파견하여 응당 행할 예를 치렀던들 어찌 미치지 못할 리가 있었겠습니까. 유정량은 급사중을 만나 그가 차임되어 온다는 것을 들었으면 한마디 말도 하지 않아 중국을 존봉(尊奉)하는 성상의 예의를 손상시켰으니, 완만히 직무를 제대로 수행하지 않은 죄가 큽니다. 예조 당상과 색낭청을 아울러 파직시키소서."[158]

매일 서인 숙청작업이 진행됐다.
전날 유희규, 이순수, 고종후, 유정량을 쫓아내더니 하루만인 4월 12일 또 우림위 장 안상과 오위 장 이이수, 우림위 장 홍순언, 오위 장 정복시. 예조 좌랑 신광필. 형조 좌랑 윤극. 훈련 습독 정눌 등을 삭탈관직 하라고 요구한다. 마찬가지로 명분이 노쇠했다거나 서얼출신으로 남에게 천시당해서, 몸에 병이 있어서, 성품이 본시 오활하고 사체(事体)를 몰라서 등 졸렬했다.

"삼청(三庁)과 오위(五衛)의 장수는 그 책임이 매우 중한데 요즈음 그 본래의 뜻은 생각하지 않고 함부로 의망(擬望)하여 자리를 채운 까닭에 숙위(宿衛)가 엄숙하지 못하니 실로 한심스런 일입니다. 우림위 장 안상과 오위 장 이이수는 나이가 많고 노쇠하며 우림위 장 홍순언은 서얼출신으로 남에게 천시당하며 오위 장 정복시는 몸에 병이 있어 걸음을 잘 걷지 못하니, 아울러 체차시키소서. 예조 좌랑 신광필은 성품이 본시 오활하고 사체(事体)를 몰라서 전에 감시 시관이 되었을 적에 자기의 의견대로만 하여 전도된 일이 많았으니 파직시키소서. 형조 좌랑 윤극임(尹克任)은 나이 70에 가까와 소송(訴訟)을 청리하는 데 합당하지 않으니 체차시키소서. 훈련 습독 정눌은 전에 수령으로 있을 적에 이민(吏民)의 처첩(妻妾)을 겁탈한 적이 한두 번이 아니어서 그 음탕 방자한 정상은 이루 다 말할 수 없으니 파직시키고 서용하지 말게 명하소서."하니, 답하기를, "모두 아뢴 대로 하라. 홍순언은 공신인데, 우림위 장은 서얼이라도 합당치 않을 것이 없으니 체직할 필요 없다."하였다.[159]

공신으로 제직을 겨우 면했던 우림위 장 홍순언도 집요한 공세에 어쩔 수 없이 옷을 벗는다. 임금도 하루 만에 삭탈관직을 허락하고 만다.[160]

6월 23일 관직에서 퇴출된 정철을 결국 유배를 보낸다. "붕당을 만들어 조정을 탁란(濁亂)시켰다"[161]는 주장을 앞세웠지만, "광해를 세자로 책봉하자"는 '건저문제'였다.
처음에는 진주로 유배를 보냈다가 마음이 변해 더 멀고 험한 평안북도 강계로 보낸다.
정철과 함께 서인인 백유함 · 유공신 · 전 검열 이춘영은 서쪽 변방에 유배했다가 백유함은 양강도 경흥으로, 유공신은 경원으로, 이춘영은 삼수로 유배지를 옮겼다. "서로 붕당을 만들어 조정의 정사를 탁란 시켰으며 자기와 의견을 달리하는 사람을 모함하려고 호남의 유생들을 꾀었습니다. 그리하여 명경(名卿) · 사대부 등을 모두 역적으로 몰아붙여 섬멸하려고 하였다"[162]는 죄를 덧씌웠다.

당시는 '서인인 정철과 가깝다'는 이유만으로도 죄가 됐다. 정철과 친분 있는 정치인은 모조리 제거할 계획이었다. 요즘 정치로 말하면 중앙 요직에 있는 모든 주요 야당 인사들이 표적이었다. 그리고 가까운 인사들이 줄줄이 옷을 벗겼다. 덜 가까우면 삭탈관직을, 더 가까우면 삭탈관직과 귀양을 보내는 식이었다.
지난 3월 1일 외직인 양양 부사로 보냈던 장운익과 우찬성 윤근수, 판중추부사 홍성민, 여주 목사 이해수 등을 "정철과 가깝다"며 삭탈관직 시키고, 귀양 보낸다.

주류 동인들이 보인 서인에 대한 집단적인 공세는 그칠 줄 몰랐다. 7월 1일 '개돼지' 발언의 대상이 된 대제학 황정욱, 승지 황혁 부자가 파면[163]된다. 황정욱은 두 달여 전인 지난 5월 4일에 "왜의 침략 조짐이라는 위중한 상황을 명나라에 보고하자"고 강력 주장한 사람이다. 동인 권력자 유성룡이 "명나라에 보고하지 말자"는 발언에 제동을 건 인사다. 유성룡은 황정욱에게 제대로 보복하고, 또 쫓아내고, 그로 말미암아 빈자리가 된 대제학은 그의 차지가 된다. 동인들은 서인들을 모두 쫓아내고 그 빈자리를 서로 나눠 갖게 된 것이다. 유성룡은 자신의 저서 서애집에서 "대제학을 맡을 자격이 못된다고 (자신이)극력 진언하였으나, 허락하지 않았다"고 쓰고 있다.

심지어 정철의 모함으로 배척받은 사람을 모두 발탁해 서용하라는 전교를 내린다. 이는 사실상 송강을 '간신'으로 취급한 것이나 마찬가지다.

"간신 정철의 모함에 얽혀 배척받은 사람이 있으면 모두 발탁하여 서용하라고 전교하였다. 의금부 도사 이태수(李台寿)가 순안(順安)에 이르러 압송해 가던 죄인 정철의 병이 위중하여 길을 떠날 수 없다고 치계하자 전교하였다. "태수는 조정을 두

"김여물이 금부에 회부됐다. 성(城)을 보수하고 진(陣)치는 모습이 의심스러워서…"

김여물을 금부에 회부하였다. 여물은 정철의 무리로 지목되어 파직되고 나서 집에 있었다. 그런데 진주사 한응인이 요동을 지나다가 어떤 사람이 '의주에서 성(城)을 보수하고 진(陣)치는 연습을 하는 모습이 의심스럽다.'고 말하였으므로 응인이 계문(啓聞)하였다. 이에 대간이 이것은 바로 여물이 의주 목사로 있을 적에 한 것이라고 아뢰면서 명나라에 흔단을 일으켰다는 것으로 논하여 마침내 다스리도록 회부하였다.

〈수정선조실록〉 1592.1

려워하지 않고 간적을 압송함에 있어 제멋대로 머뭇거리며 지체하였으니 잡아다가 추국하여 정죄하고 다른 도사를 보내어 대신 압송하게 하라. 정철은 타고난 성품이 교활하고 간독하여 배소(配所)에 도착하면 잡인들과 서로 통하여 어떤 죄상을 저지를지 모르니, 엄히 위리를 가하여 지키도록 하라."[164]

7월 5일, 기축옥사 초기 정암수 등이 한 연명 상소 건을 다시 문제 삼고, 당시 정암수 등을 구원한 인사들에 대한 처벌을 주장했다. 이로 인해 당시 양사로 있던 대사헌 최황, 집의 성영, 장령 심희수·윤섬, 지평 신잡·우준민, 대사간 이증, 사간 오억령, 헌납 백유함·유대진, 정언 강찬과 이흡 등을 파직[165]시켰다.
서인들을 죽음에 몰아넣는 사건도 벌어진다. 그해 8월에 부제학 김성일이 지난 기축옥사에 있었던 최영경 죽음 문제를 또다시 꺼내어 이를 문제 삼는다. 김성일은 양천경·양천회 형제가 그 당시 최영경을 문제 삼았다는 이유를 들어

강해 · 김극관 · 김극인 등과 함께 잡아다가 국문형에 처한다. 이 국문 끝에 양천경 · 양천회 · 강해 등이 곤장 맞은 후 유증으로 죽음에 이르게 된다.[166)]

서인 탄압은 끊이질 않았다. 1591년 9월 16일에는 의주 목사 김여물을 비롯한 임예신 · 김공휘를 파직했다.[167)]

당시 담론을 '동인은 정당'하고, '서인은 사특하다'고 만들었다. 심지어 왕자 순화군이 정철과 가까운 황혁의 딸과 정혼하였던 것을 들어 임금 선조에게까지 "황혁은 개돼지다. 개돼지 집과 국혼을 할 수 없으니 마음을 바꿔라"고 압박했다. 이처럼 동인들은 서인들을 향해 '직격탄'을 날렸다. 동인들은 '~했다더라'를 남발하며 서인들의 처벌을 주장하고 나섰다.

동인들의 숙청작업과 무리수는 임진왜란을 불과 3개월여 앞둔 1592년 정월에도 계속됐다. 1592년 1월 초, 전 의주 목사 김여물은 금부에 회부돼 투옥된다.[168)] 정철의 무리로 지목되어 파직된다.

> 전 의주 목사 김여물을 금부에 회부하였다. 여물은 정철의 무리로 지목되어 파직되고 나서 집에 있었다. 그런데 진주사 한응인이 요동(遼東)의 탕주참(湯州站)을 지나다가 어떤 사람이 '의주에서 성을 보수하고 진치는 연습을 하는 모습이 의심스럽

다.'고 말하였으므로 응인이 계문(啓聞)하였다. 이에 대간이 이것은 바로 김여물이 의주 목사로 있을 적에 한 것이라고 아뢰면서 명나라에 흔단을 일으켰다는 것으로 논하여 마침내 다스리도록 회부하였다. 조헌이 형조 판서 이증(李增)에게 편지를 보내어 이르기를 '대마도에 주둔하고 있는 군사가 서쪽으로 침입하지 않는다고 말할 수 없는데 용맹스런 장사로서 지킬만한 자를 헤아려 보건대 서너 명도 없는 형편이다. 의주 목사 김여물은 활 쏘고 말 타는 재주가 뛰어났다고 세상에서 일컬어지고 본래 성품이 충성스럽고 의로운 자이다. 그런데 지금 직무를 수행하던 중에 조금 생각하지 못하고 저지른 잘못이 있다고 하여 장차 법에 의하여 제거하려고 한다. 강적이 주위에서 엿보는데 장사에게 형벌을 가한다면 어찌 명철한 군주가 추도(追悼)하게 되지 않겠는가. 바라건대 탑전에 특진하였을 때 성주를 위하여 머리를 조아려 이 사람의 생명을 간청함으로써 그로 하여금 영해(嶺海)의 군영에서 오랑캐를 방어하게 한다면 한 대의 화살로 적의 괴수를 쏘아 죽여 1만 군대를 휩쓸어버릴 수 있을 것이다.' 하였으나, 이증이 따르지 않았다.[169]

김여물은 본래 성품이 충성스럽고 의로운 인물이었다. 그가 탁월한 무술을 지녔지만 문관이었다. 1577년에 치룬 알성시 문과 대과시험에서 장원을 했을 정도로 문장에도 뛰어났다. 그를 가둔 죄목은 의주목사 시절 명나라의 심기를 건드릴 만한 일을 했다는 것이다. 옛 일을 다시 들추어 그를 제거하려 한 것이다. 당사자 김여물도 어리둥절할 일이었다. 당시 김여물은 의주에서 성을 보수하고 진을 치는 연습을 하고 있었다.

중봉 조헌은 이런 동인들의 만행을 가만히 보고만 있지 않았다. 조헌은 형조판서 이증에게 편지를 보내어 동인들의 무리수를 따지며 김여물 구명에 나선다.

조헌은 "전 의주목사 김여물은 활 쏘고 말 타는 재주가 뛰어나고, 본래 성품이 충성스럽고 의로운 자"라며 "직무 중에 있었던 일에 형벌을 주려는가"[170]라고 따져 물었다. 그런데 조헌의 요청에는 대답이 없고, 오히려 윗선에서부터 말단직에 이르기까지 이들 동인세력이 똘똘 뭉쳐 '서인 때리기'에 나선다.

당시 동인계가 아니라는 이유만으로 죄인이 됐고, 여론재판에 몰렸다. 동인계의 대대적인 공세에 맞서 양식 있는 젊은 유생들을 중심으로 힘겹게 저항한다. 이들 유생들은 이 사태의 배후조정자이자 핵심인물로 이산해와 유성룡을 지목하고, 두 사람을 집중 성토했다. 그렇지만 이들 젊은 서인계 유생들의 목소리로는 역부족이었다. 주류 동인 뒤에는 유성룡과 막강한 권력 임금 선조가 있었다.

전라도에서 계획됐다는 모반, 왜 황해도?

전라도에서 계획됐다는 모반, 왜 황해도?

기축옥사는 이 사건 자체가 오묘했다. 동인인 황해도 관찰사 한준(1542-1601)과 이 정보를 제공해준 특정 사람들로부터 시작된 사건이었고, 그 사건 전체 조사 주도자는 임금 선조였다.

후세에 이 사건을 "서인들의 정치공작"으로 단정하고 있지만, 오히려 이 사건은 임금 선조와 주류 동인들이 촉발시킨 기획사건이라는 의구심이 더 짙다는 주장도 나오고 있다. 이 사건이 혹 동인들과 조선 조정에 의해 기획된 사건은 아닌지?하는 의심이 들 만한 정황들이 곳곳에서 발견된다. 우선 황해도 관찰사 한준이 주도가 되어 재령군수 박충간, 안악군수 이축, 신천군수 한응인이 연명으로 고변한 것 자체가 조직적인 움직임이 작용했다고 보고 있다. 이들 수령은 모두 서울출신으로 주류 동인계와 가깝다. 서인계보다는 주류 동인계가 이 역모사건 고변 기획과 가깝지 않느냐는 이야기다.

게다가 첩보 주도자인 관찰사 한준과 재령군수 박충간은 당시 정치적으로 위기의 사태를 맞고 있었다. 기축옥사 발발 3개월 전인 1589년 7월 3일, 한준이 관할하고 있는 황해도 내에 역질이 발생해 고을 민심이 사나웠다.

"곡산 · 안악 · 우봉 · 강령 · 강음 · 토산 등 고을에 앓거나 사망한 자가 속출하고 있어 극히 염려가 됩니다."[171)]

한준은 앞서 전라 감사와 호조참판에 있으면서 두 차례의 파직을 경험했다. 1587년 정해왜변 때 이대원 장군의 죽음을 당했을 때, 이 전쟁의 총 관할자인 한준이 왜적의 형세를 보고 도망갔다며 파직을 당했고[172)], 이어 다시 호조참판으로 복직했지만 전라감사 때 도적 처리를 잘못한 일처리로 다시 파직을 당하는[173)] 우여곡절이 있었다.
재령군수 박충간도 당시 조정에서 요주의 인물이었다. 기축옥사가 일어나기 1년여 전인 1588년 5월 30일에 그가 백성을 돌보지 않고 일처리를 가혹하게 하고, 빈 집을 주민들에게 주지 않고, 사찰(寺刹)로 쓰는 등 많은 주민을 집 없이 떠돌이로 만들었다[174)]는 죄로 조사를 받았다.

이들이 주도가 된 사건이 이 첩보 사건이었다. 게다가 첩보

수집 자체도 허술했다. 안악군의 향교 교생 신분인 조구를 잡아들여 문초 끝에 역모의 진상을 자복 받았다는 것이다. 안악은 전라도 진안에서 400킬로미터 떨어진 거리에 있다. 왜, 이렇게 먼 곳인 안악과 재령에서 역모사건이 돌았을까? 이곳은 임꺽정의 저항이 일어난 곳이다. "안악, 재령=역모지"라는 인식이 깊다. 이런 구도로 몰기에 그만큼 쉬울 수 있겠다 싶다. 이곳은 갈대밭이 많아 갈대를 채취하여 생업을 유지하는 자가 많았던 곳이다. 임꺽정난 당시 지배층이 안악 · 재령 등지의 갈대밭을 진전(陳田)이라는 이름으로 탈취하자 갈대로 생계를 유지하던 농민들과 소상인들은 분노했고, 임꺽정과 황해도 농민저항으로 이어졌다. 황해도 젊은이들을 일망타진하기 위해 벌인 사건이라는 주장도 이래서 나왔다. 또 정여립이 추포되지 않고 자결했다는 것도 의문이다. 정여립이 서울로 붙잡혀 오면 그간의 경위를 해명할 것을 기대했던 것이 허사가 됐다. 결국 정여립의 도주와 자결은 그의 「역모」를 사실로서 정착시켰다.

또 다른 의문도 있다. 택당 이식이 쓴 글에 정여립이 선조에게 버림받았다는 것인가 라고 묻는다. 게다가 그동안 기록과는 달리 정여립이 율곡을 변호하려했다는 주장이 나온다. 율곡을 변호하려 했는데 임금에게 버림을 받았다는 것을 의문 삼는 것이다.

> 역적 정여립의 글을 보면 "소장을 올려서 율곡을 변호하려고 하였지만, 성상에게 버림받아 지방에 나가게 되었기 때문에 지체하게 되었다." 하는 내용이 나옵니다. 그가 그 전에 무슨 일로 임금 선조에게 잘못 보였습니까?[175)]

고변서를 조정에 비밀장계로 올린 한준이 누구인가? 우연인지 모르지만 당시 임금의 총애를 한 몸에 받고 있던 서애 유성룡과는 막역한 관계를 맺는 인사다. 둘은 1542년생 동갑내기로 1566년(명종 21)에 치른 별시 문과 대과시험 합격 동기이다. 유성룡과 한준은 병과로 나란히 급제하여 등용된다. 대과 성적도 엇비슷해 한준이 병과 8위로, 유성룡이 병과 11위로 급제한다. 당시 대과 동기는 모두 17명뿐으로 각별한 관계를 유지했다. 동방생(同榜生)인 것이다. 동방생은 특별한 사이로 각별했던 것은 예나 지금이나 다를 게 없었다고 봐야 한다. 과거 급제자 발표 명단을 방(榜)이라 하는데 그 방에 이름이 함께 오른 사람, 즉 과거에 함께 급제한 사람은 따로 모임도 가졌다.

유성룡과 한준, 둘은 승승장구했지만, 한준이 기축옥사 직전, 잠시 주춤했다. 그러나 그들은 기축옥사가 일어난 뒤로

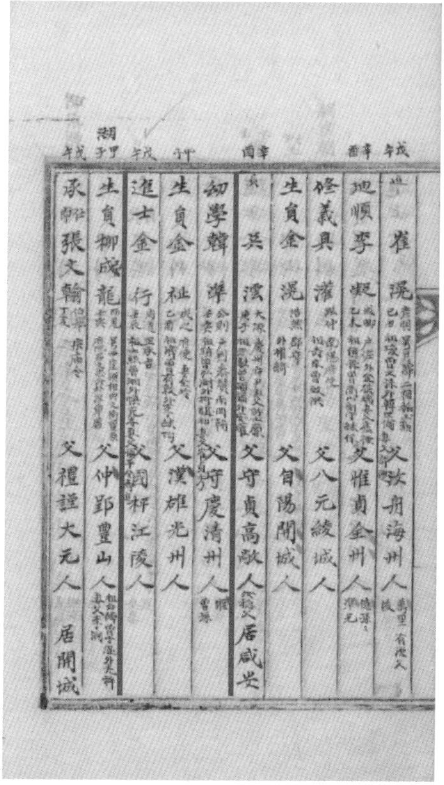

기축옥사 당시 정치인 유성룡과 기축옥사 촉발 비밀장계 보고자 한준은 같은 동인계에, 1542년생 동갑내기로, 1566년(명종 21)에 치룬 별시 문과 대과시험 합격 동기이다. 유성룡과 한준은 병과로 나란히 급제하여 등용된다. 성적도 엇비슷해 한준이 병과 8위(전체 12등)로, 유성룡이 병과 11위(전체 15등)였다. 당시 대과 동기는 모두 17명이다.

더 두드러지게 부상한다. 1588년 10월 유성룡은 형조판서 겸 양관대제학에 오른다. 권력 정점에 오른 것이다. 기축옥사 직전 1589년 2월 1일에는 유성룡이 병조판서가 된다. 병조판서는 조선 시대에 둔, 병조의 으뜸 벼슬이다. 품계는 정이품으로, 군사와 국방에 관한 일을 총괄하던 병조의 우두머리 관직이다. 모반사건은 병조가 개입해야 할 주요 사안이다.
그리고 그해 9월, 예조 판서가 되고, 10월, 정여립 모반, 기축옥사가 일어난 뒤 이조 판서에 특배[176]되기도 했다. 당시 권력은 유성룡 한사람에 집중된다. 기축옥사 바로 직전에는 형조판서 겸 양관대제학에 이어 사헌부 대사헌, 그리고 병조판서와 대제학을 겸임하고, 다시 사헌부 대사헌에 제수되고 바로 직전인 9월 예조판서에 홍문관대제학 예문관대제학 지경연춘추관성균관사를 겸하게 된다. 기축옥사가 발발하고는 이조판서와 대제학을, 이조판서와 대제학, 그리고 우의정까지를 겸한다. 그리고 좌의정에 승진하면서 좌의정에, 이조판서에, 대제학까지를 한꺼번에 겸임[177] 하는 유성룡 권력 독점시대가 된다. 누가 뭐래도 당시 임금 다음 권력은 좌의정 겸 이조판서 겸 대제학인 유성룡으로 봐야 한다.
이에 질세라 한준도 한 때 전라도 감사 때 맞이한 정해왜변으로 주춤했지만 이후 승승장구해 우참찬, 황해도 관찰사를 맡는다. 그는 이 비밀보고 공로로 1590년 평난공신(平難功臣) 2등이 되고 좌참찬에 올라 청천군(淸川君)에 봉하여졌다. 기축옥사 전후로 가장 뚜렷하게 신분이 상승한 정치인이 있다면 단연 서애 유성룡이었다.

중봉 조헌

이런 조짐을 봤던 것일까? 2월 유성룡이 사헌부 대사헌에 이어 오늘날로 치면 국방부장관 격인 병조판서에 오르자, 4월 1일 조헌이 즉각 임금에게 상소문을 올려 유성룡 등 측근정치를 비판하고 나선다. 기축옥사 발발 7개월 전이었다. 병조판서였지만 조정의 인사권은 사실상 유성룡이 좌지우지하고 있는 것에 대한 저항으로 보인다.

유성룡 같은 자는 평생 한 일이 일체 현인을 해치는 일만 힘썼습니다. 그러고도 뉘우치거나 깨달았다는 말을 듣지 못하였습니다. 이런 인물이 어찌 전하를 위하여 직언하려 하겠습니까? 이러니 당상관 이하 관료들은 유성룡 등에게 붙은 뒤에야 임금을 모시는 시종(侍從)이 될 수 있고, 무인이나 궁중 시종으로서 버림을 당한 자는 오직 이들의 눈에 들거나 붙은 뒤에야 외직에 승진될 수 있습니다. 말할 선비가 있으면 이를 찾아내어

하나하나 멀리 배척하고…,[178)]

유성룡, 김응남은 세상을 다스릴 만한 인물이 못되고, 원대한 계책도, 식견도 없습니다. 그러면서 악당짓거리로 서로 헛된 명예를 과장하고, 몰래 사특한 의논을 주장하며, 어진이를 시기하고 선한 사람을 미워합니다. 이들이 악인을 끌어들이고, 파당을 만들고, 권세를 공고히 해 현명한 임금을 고립시켜 선정을 베풀지 못하게 하니, 이는 실로 나쁜 무리들입니다.[179)]

조헌은 우직했던 인물이다. 24살 때인 1567년 문과에 급제했고 1568년(선조 1년) 관직에 올라 정주목 · 파주목 · 홍주목의 교수를 역임하면서 임금에게 직언을 멈추지 않고 해 사풍(士風)을 바로잡았다는 평을 듣는다. 그는 강경한 상소를 많이 올렸다. 만언소(万言疏)를 지어 5차에 걸쳐 상소문을 올렸으나 모두 받아들여지지 않았다. 유성룡 등이 나라를 그르치고 있다고 논박하는 소(疏)를 올려 선조의 진노를 샀다. 그는 이번 상소에서는 전(前) 교수의 신분으로 지부상소(持斧上疏), 즉 목숨을 내놓는다는 의미에서 도끼를 들고 소를 올렸다.

그러나 임금은 이를 외면했다. 그리고 맞이한 '정여립 역모사건'은 우리 역사에 큰 아픔을 주는 '기축옥사'로 비화된다.

기축옥사 뒤 정치는?

임진왜란과 송강 정철

임진왜란이라는 전쟁은 많은 것을 바꿔놓았다. 유성룡이 율곡 이이의 십만양병론(十萬養兵論)을 반대하였다가 임진왜란이 일어나자 이이의 식견에 감탄하여 왕단의 말을 끌어들여 이이를 찬양했다는 이야기도 있다.

> 임진왜란이 난 뒤 유 정승이 조정에서 언젠가 어떤 사람에게 말하기를, "지금 와서 보면 이 문정(李文靖)은 참으로 성인이다. 만일 그의 말대로 하였으면 나랏일이 어찌 이 지경에 이르렀겠는가. 또 그가 전후로 계획한 정책을 혹자들은 비난하였지만 지금 모두 꼭꼭 들어맞으니, 참으로 따라갈 수 없다.[180]

'면천법'도 이와 별반 다르지 않았다. 유성룡은 1594년 영의정 때 '면천법'을 주장한다.

> "우리나라에서는 전에는 공·사천(公私賤)은 병사가 될 수 없

었지만 오늘날은 적병이 날뛰니 공 · 사천도 병사가 되어야 합니다."[181)]

이보다 11년 전, '면천법'을 추진하자는 제안이 있었다. 선조 16년(1583)에 니탕개(尼湯介)가 침입했을 때 당시 병조판서로 있던 율곡 이이는 '자원하여 육진(六鎭)에 나가 3년을 근무하는 사람은 서얼이라도 과거에 응시할 자격을 주고, 공사(公私)의 천인(賤人)은 양민(良民)으로 면천시킨다"는 '면천법'을 내놨다.

이이가 내놓은 면천법은 당시로서는 혁명에 가까운 개혁법이었다. 조선을 살리기 위해 이들에게 기회를 줘야 한다고 주장했다. 임금인 선조도 이를 받아들이려고 했다. 그러나 이 법은 동인들의 방해로 무산되고 만다. 이이가 내놓은 '면천법'을 가장 심하게 반대한 인물이 유성룡 등 동인이었다. 유성룡은 동인당의 중심인물이 되어 이이가 내놓은 '면천법'을 극렬하게 반대하고, 이이가 이를 니탕개 난 진압에서 실제 이법을 적용하려하자 '파직'을 주장하기도 했다. 그렇게 반대했던 유성룡이 막상 임진왜란이라는 전쟁이 벌어지니까 이를 추진하자고 주장한 것이다.

전쟁은 동인에 의해 귀양을 갔던 송강 정철마저 풀려나게 만들었다.

> 신묘년(1591, 선조24) 봄에 간신 무리가 국정을 요리하는 바람에 해와 별들은 빛을 잃었고 유언비어가 난무하여 내외를 선동하면서 함정을 크게 파두고 선비란 선비는 일망타진을 할 때 송강 정공(鄭公)이 첫 그물에 걸려 서쪽 변경에 가 유배생활을 하면서 거의 목숨을 부지 못하게 되었었다.[182)]

유배된 정철이 풀려난 것은 57세 때인 '1592년 임진왜란 발발' 때문이다. 동인의 유성룡 등을 탄핵한 것과 같은 시기에 서인의 정철이 풀려난 것이다. 정철은 풀려나 평양에서 왕을 맞이하여 의주까지 호종하지만 5월 평양에 도착해서 한동안 특별한 직책을 주지 않았다.

정철은 임금을 따라 평양에서 6월 11일 숙천으로, 안주로, 영변으로, 박천으로, 가산으로, 정주로, 선천으로, 용천을 거쳐 6월 22일 의주에 도착한다. 의주에 도착한지 한 달이 지난 7월 21일에서야 정철에게 전라-충청도 도체찰사로 임명한다. 그리고 한 달 보름이 지난 9월 9일 황해도 금사사에 도착하고 9월 20일에 강화도에 도착한다. 이때서야 선배 고경명과 후배 조헌이 죽었다는 소식을 듣게 된다. 정철이 강화도에 도착했다는 소식에 양산숙은 반갑게 맞이한다. 정철과 양산숙, 그리고 김천일과 최원이 모처럼 만나 의기를 모은다. 이들은 경기감사 권징을 불러 서울 수복에 대한 방책을 논의하기에 이른다. 그런데 그때까지는 좋았다.

전쟁은 많은 것을 바꿔놓았지만, 바뀌지 않은 것도 있었다. 동인들에 의한 서인 공세였다. 전쟁 중인데도 여전히 진영을 나누고, 적대감만 키우며, 자기 파당을 키우는 데에 혈안이 되어있었다.

어처구니없는 일이 도처에서 벌어졌다. 전쟁 중에도 그랬다. 정철에 대한 동인들의 집요한 공세는 이 치열한 전장에서도 멈출 줄 몰랐다. 임금에 보낸 장계로 정철을 조목조목 비난하기에 이른다.

권율이 정철을 견제하고 나선다. 권율은 정철과 갈등하고 있음을 장계에 써 임금에 보낸다. 임금 선조는 권율의 장계를 받고 정철을 책망하기에 이른다.

당시는 황당한 일이 빈번했다. 용궁현감 우복룡은 병마절도사 소속 군사 수백 명을 반란군이라며 몰아세워 살육했다. 팔도도원수 김명원의 부장 신각은 양주에서 민가를 약탈하던 적병 60명의 목을 벴다. 임진왜란이 발발한 이후 첫 승전고였다. 그런데 오히려 이게 화근이 됐다. 상관인 김명원은 장계를 올려 "신각이 명령에 복종하지 않는다"고 무고해 신각은 참형을 당했다. 정철도 마찬가지였다. 정철을 두둔하는 이는 임금 옆에 많지 않았다. 반면 권율의 뒷배는 든든했다. 우선 동인 유성룡이 있었다. 게다가 권율의 사위인 이항복이 항상 선조 주변에 있었다.

권율은 장계를 통해 '정철이 자신에게 호남의 왜적을 방어케 하고, 근왕은 다른 장수를 시킬 것이니 내려가라 했다. 그렇게 했더니 체찰사의 말을 듣고 호남으로 도망간 자가 천여 명이었다'고 했다.

이 장계의 진위와는 무관하게 조정에서는 정철에게 엄한 경고가 내려진다. 그렇지 않아도 조정과 사이가 좋지 않는 정철에게는 또 한 번 치명적인 상처가 된 셈이다.

이 장계를 나중에 본 정철은 분개했다. 우리가 아는 그(정철)의 성품, 그 동안에 그가 보여준 행적, 그리고 지금 그가 하는 일과 모순되지 않고, 정합적이기 때문에 정철의 분노는 정당했다.

그는 임금 선조에게 장문의 상소문을 통해 "권율이 보낸 장계의 내용이 사실과 다르다"고 항변했지만 이를 믿어주지 않았다.

정철은 임금에게 보낸 상소문에서 "권율이 모함한 바가 이토록 극에 이르렀으니, 이는 모두 신이 불초한 이유 때문이며, 낯이 두껍고 부끄러워 몸 둘 곳을 모르겠다"며 "신은 대신이라는 명칭만 가지고 대장까지 되었지만, 어찌 매번 관리하고 있는 아래 사람들에게 모욕을 받는가? 능히 절제하고 호령할 수 없으니, 체찰사직을 거두어 달라. 빨리 파직하도록 명을 내려달라"고 요청했다.

권율이 정철을 공격한데 이어 이번에는 동인계인 동지중추부사 유영길(1538-1601)이 정철을 겨냥해 모함성 공세에 나선다. 임란 직전 1년 동안 해온 동인들의 서인 공세가 다시 수면 아래에서 재현된 것이다.

그해 11월 25일 유영길은 선조 임금을 인견한 자리에서 '영호남 전투상황'을 보고하는 자리에서 뜬금없이 정철과 윤두수를 겨냥해 저질성 인신공격을 한다.

유영길은 "양도 도체찰사 정철이 충청도 기생이 있는 고을에서 날마다 술에 취해 직무를 소홀히 하는데도 잘못을 보고하는 사람이 없다. 또 윤두수는 국가의 회복을 담당할 만한 인물이 못된다"고 비난한다.

선조는 이에 "경의 그 말에 대한 근거가 있는가?"라고 되묻자, 유영길이 즉답을 못하고 한참 머뭇거리고 있다가 "단지 들은 대로 말한 것…."이라고 말꼬리를 흐리곤 물러났다.

이쯤이면 서인에 대한 공세가 조직적이라고 볼 수밖에 없는 일이었다. 이는 불과 1년 전 동인들이 서인을 공격할 때 쓰던 상투적인 공세방법 중 하나였다. 이런 비열한 공세가 전쟁 중에도 여전히 계속되고 있었다.

임진왜란 발발로 서인들이 다시 권력의 중심부로 들어온 것처럼 보이지만, 서인들은 동인들 틈바구니에서 여전히 힘들어해 했다. 왜적과 싸우는 것 이상으로 내부의 적이 된 동인들의 집요한 공격에 힘든 나날을 보내야 했다. 임금 선조 또한 잠시 서인들을 불러들였지만, 여전히 동인들을 감싸고 돌았다. 실제 유영길이 정철과 윤두수를 모함했다는 이야기로 조정이 발칵 뒤집혔고, 사헌부 사간원 등이 일제히 나서서 "유영길을 파직할 것"을 세 차례나 청했지만, 선조는 이를 받아들이지 않았다.

오히려 피해는 정철에게 돌아갔다. 그로부터 1달 보름 뒤인 1593년 1월 11일, 어처구니없게도 정철을 도체찰사 직에서 사은사로 전격 발령을 낸다. 결국 동인들에게 밀려난 정철이 사은사로 명나라를 다녀와야 했다.

정철은 다시 정치소용돌이에 휩쓸리는 것이 싫어 사직하고, 강화의 송정촌에 우거하다가 1593년 58세를 일기로 세상을 떠났다. 화병으로 죽었다는 소식도 들렸고, 청렴결백한 그는 굶어 죽었다는 말도 전해진다.

전쟁 중, 죽은 정철에게 가해진 동인들의 공세

1593년 12월 21일, 혹독한 겨울 강화도(江華島)에 가 있던 정철이 타계했다. 전쟁 중에 맞이한 쓸쓸한 죽음이었다. 정철이 죽어 세상을 떠난 당시 조정 권력은 영의정 유성룡이 잡고 있었다. 죽은 정철에 대한 조정의 평가가 매우 박했다. 유성룡이 진주성전투에서 순절한 김천일을 공격한 재판이었다. 유성룡의 정철에 대한 인식으로 보였다. 선조실록에 정철의 졸기에 "정철은 성품이 편협하고, 말이 망령되고, 행동이 경망하고, 농담과 해학을 좋아했기 때문에 원망을 자초(自招)하였다"고 적고 있을 정도였다.

> 인성 부원군(寅城府院君) 정철이 졸(卒)하였다. 사신은 논한다. 정철은 성품이 편협하고 말이 망령되고 행동이 경망하고, 농담과 해학을 좋아했기 때문에 원망을 자초(自招)하였다. 최영경이 옥에 갇혀 있을 적에, 그가 영경과 사이가 좋지 않다는 것은 나라 사람이 다 같이 아는 바이고 그가 이미 국권을 잡고

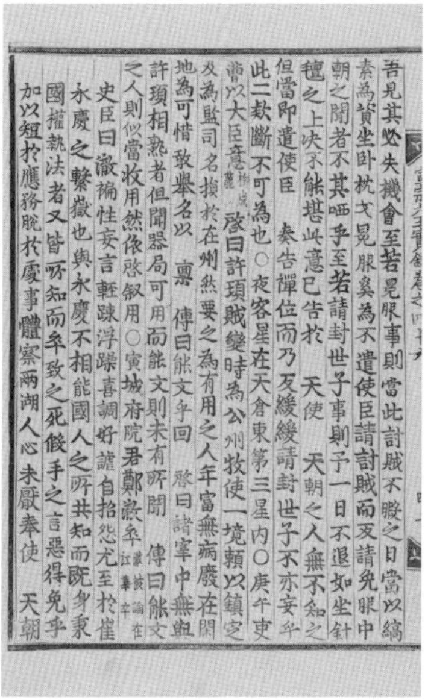
吾見其必失機會至若晃服事則當此討賊不暇之日當以縞
素爲質坐卧枕戈晃服奚爲不遣使臣請討賊而反請免服中
朝之聞者不其哂乎至若請封世子事則予一日不退如坐針
氈之上決不能堪此意已告於 天使 天朝之人無不知之
但當卽遣使臣 奏告禪位而乃反縷縷請封世子不亦妄乎
此二款斷不可爲也○夜客星在天倉東第三星內○庚午吏
曹以大臣意啓曰許頊賊變時爲公州牧使一境賴以鎭定
及爲監司名損於在州然要之爲有用之人年富無病廢在閑
地爲可惜敢擧名以 稟 傳曰能文乎回 啓曰諸宰中無與
許頊相熟者但聞器局可用而能文則未有所聞 傳曰能文
之人則似當收用然依啓叙用○寅城府院君鄭澈卒
史臣曰澈褊性妄言輕躁浮躁喜佞好讒自招怨尤至於崔
永慶之繫獄也與永慶不相能國人之所共知而旣身秉
國權執法者又皆所知而卒致之死假手之言惡得免乎
加以短於應務脫於處事體察兩湖人心未厭奉使 天朝

之撤小屯爲大陣以拒之會朝廷以講和止其進兵也山陰居昌閒
○世子次全州設科文科取尹晴等九人武科取千餘人○前寅城
府院君鄭澈卒初澈與副使柳根謝恩朝京而回時東路軍門主和
議詭言倭已撤也渡海與本國所奏不免差互澈等還後兵部奏
曰問前來使臣則亦言倭已撤回 上聞之大駭柳根上疏自辨此
實兵部議詞詭計使臣一行豈有是言是時朝論已變欲先去澈臺
諫因此劾澈 上只命遞職推考柳根與書狀官李民覺譯官等皆
無所坐自是飛語上騰言澈朝京專以 聖躬過失密播于中朝故
凡 帝勅內醜詞皆其自出云澈寓居江華病酒卒年五十九澈字
季涵號松江少有才名從學於金麟厚奇大升大升亟稱其淸潔之
操其姊爲 仁廟貴人妹爲桂林君妻乙巳之禍父兄與焉澈以幼
免而兒時出入東宮 明廟爲大君實與游戲甚昵見澈登壯元榜
目甚喜命於掖門內別賜酒饌澈辭曰旣已出身人臣不敢受此私
禮 明廟爲止賜而命從神武門出自從樓上望見其行恩眷異常
矣俄拜正言臺中方論景陽君謀奪妻家財産誘殺妻孼娚請以廢

정철 졸기 왼쪽은 선조실록에 실린 졸기이고, 오른쪽은 수정선조실록에 실린 졸기이다.

있었으므로 법을 집행하는 사람들도 모두 정철과 잘 알고 지내는 사이였다. 그런데 마침내 죽게 만들었으니 가수(假手)했다는 말을 어떻게 면할 수 있겠는가. 게다가 일에 대응하는 재간도 모자라 처사(処事)가 소루하였기 때문에 양호(両湖)의 체찰사로 있을 때에는 인심을 만족시키지 못하였고, 중국에 사신으로 가서는 전대(專対)에 잘못을 저지르는 등 죄려(罪戾)가 잇따랐으므로 죽을 때까지 비방이 그치지 않았다.[183]

반면 수성선조실록에 실린 정철의 졸기는 이와 사뭇 달랐다. 분량과 내용에서 완전히 상반됐다. 기축옥사와 관련해서도 "정철은 조정에서 앉은 자리가 미처 따스해질 겨를도 없었다. 정승이 된 지는 겨우 1년 남짓하였다."거나 "임금 선조가 권력을 행사하고 있었고, 이산해 · 유성룡과 세 사람이 정승을 하고 있는 상황이었다"며 두둔했다. 이 두 개의 졸기가 한사람의 졸기라고 하기에는 의아할 정도로 완전히 다른 평가였다.

> 전 인성 부원군 정철이 졸하였다. …(중략)정철은 강화(江華)에 우거하다가 술병으로 죽었다. 향년은 59세였다. (중략)기대승은 자주 그의 결백한 지조를 칭찬하였다. (중략) 정언(正言)으로 있을 때, 경양군이 처가의 재산을 빼앗으려고 서얼 처남을 꾀어 죽였다. 정철이 이 사건을 맡아 법대로 처벌할 뜻을 보였다. 명종이 정철을 설득시켜 논박을 정지하도록 하였다. 그런데, 정철이 이에 따르지 않았다. 정철은 파면되었다. 파면되어 광주에 돌아가 있게 되었다. 이 일 뒤 여러 차례 이름은 올랐으나 낙점을 받지 못했다. 3년 동안 기피 대상이 됐다. (중략) 그는 처신을 반듯하게 해, 유성룡이 평소에 그를 미워하였다. 정유년에 유성룡이 탄핵을 받았는데, 논자(論者)들이 뇌물을 탐했다고 무고하면서 미오(郿塢)에 비유하자, 유성룡이 탄식하기를, "지난번에 논자들이 계함(정철)을 가차 없이 공격하

면서도 탐비(貪鄙)로는 지목하지 않았는데, 어찌 나의 처신이 저 계함에 미치지 못했단 말인가."하였다. 언젠가 정철이 최영경을 죽인 일에 대해 말하자 종사관 서성이 그렇지 않다고 극력 변론하니, 유성룡이 말하기를, "계함이 항상 떳떳하게 스스로 이 일을 해명하였으나, 나는 최영경의 죽음이 정철 때문이었다고 마음속으로 여겨왔기 때문에 귀로 그 말을 듣고도 답하지 않았었다. 그런데 지금 와서 생각해 보건대, 그 사람은 입이 곧아 자기가 한 일은 반드시 숨기지 않았을 인물이다. 그러니 그대의 말이 옳지 않겠는가."하였다. 신흠은 논하기를, "정철은 평소 지닌 풍조(風調)가 쇄락(灑落)하고 자성(資性)이 청랑(淸朗)하며, 집에 있을 때에는 효제(孝悌)하고 조정에 벼슬할 때에는 결백하였으니, 마땅히 옛사람에게서나 찾을 수 있는 인물이었다."하였다. "정철은 간적(奸賊)이다"라는 소문을 내 모든 사람이 정철을 정말 소인으로 여겼다. 그리하여 평소 정철을 아는 자들도 여론에 현혹되어 그가 정말 소인인가 하고 의심하기까지 했다. 그러나 정철은 고총(固寵)이나 첨미(諂媚), 부회(附会)하지 않았다. (중략)

이발과 이산해는 한때 권세를 장악했던 자들로서 정철은 그들의 친구였다. 정철이 이들에게 조금만 비위를 맞추었더라면 종신토록 굶주린 신세가 되기까지야 했겠는가. 그런데도 그는 한 번도 굽히려 하지 않았다. 그가 올곧고 결백한 게 평생 단점이라면 단점이다. 만일 그가 강호 산림에 있었으면 잘 처신했을 것이다. 그런데 삼사(三司)에 오르고 문무대신을 겸했는데, 이 벼슬이 그에게 맞지 않았다. 정철은 중년 이후로 술에 의지해, 병들었고, 자신을 충분히 돌보지 못했다. 게다가 사악한 사람을 미워하여 술이 취하면 곧 면전에서 꾸짖었을 정도다. 권문귀족을 가리지 않았다. (중략) 왕명을 받아 역옥을 다스릴 때 관련자들을 많이 체포했다며, 그는 한세상의 공격 대상이 됐다. 그의 처신이 슬기롭지 못했다 하더라도, 권력과 세력을 가진 간신이라든지, 임금에게 불충한 신하로 지목되는 것은 문제가 있다. 정철은 조정에서 앉은 자리가 미처 따스해질 겨를도 없었다. 정승이 된 지는 겨우 1년 남짓하였다. 임금 선조가 권력을 행사하고 있었고, 이산해 · 유성룡과 세 사람이 정승을 하고 있는 상황이었다. 이산해 등이 특히 임금의 은총을 입고 있었으니, 정철이 어떻게 권세를 부릴 여지가 있었겠는가. 이것은 자명한 사실이다.[184)]

동인이 주도된 선조실록에서는 송강 정철이 죽기 전까지 호남과 충청 도체찰사를 맡아 국난 극복을 위했던 작은 경의마저 표하지 않았다. 이는 신호탄이었다. 동인들이 조정을 장악하고 있을 때 벌어졌던 서인들에 대한 공세는 본격화 된다.

곧 이해할 수 없는 일들이 벌어진다. 전쟁 중인 나라에서라고 할 수 없을 만큼, 상대당인 서인에 대한 대대적인 공세로 돌변한다. 그 표적은 망자가 된 정철과 정철의 빈자리를 겨우 버텨내고 있는 윤두수 등 서인에 집중된다. 임진왜란 직전인 1년 전에 벌어졌던 그 공세가 재연된 것이다. 이 공세로만 보면 동인계 관군과 의병들이 2차 진주성전투 당시 서인계 의병을 구원하지 않았던 이유가 이런 때문이었을까 하고 의심이 들게 만들 정도로 대대적인 공세였다. 전쟁 중에 왜군을 겨냥해야할 공세가 서인에게 집중됐다.

공세는 동인계 말단에서부터 윗선까지 연결돼 조직적이고 집요했다. 영의정 유성룡이 권력을 잡은, 그 속에서 동인들의 집단 공세였다. 전쟁 중임에도 이를 망각하고, 송강 정철을 보고 동물처럼 으르렁거렸다. 마치 유성룡이 풀어놓은 개처럼 짖었다. 그 누구의 말처럼 '도척의 개가 공자를 보고 짖는 것은 공자의 잘못도 개의 잘못도 아니다'라고 할 일인가?

전쟁 중인 5월부터 11월 중순 이미 죽은 정철의 관작을 추탈할 때까지 계속된다. 인신공격도 심했다. 1594년 5월 27일 대사간 이기 등이 타계한 정철이 살아 있을 때의 죄상을 들어 "고 인성부원군 정철은 성질이 사납고 괴팍하여 어진 이를 꺼려하고 남을 이기기를 좋아하여 시기와 질투만을 일삼아 왔었습니다. 자기와 의사를 달리하는 사람은 물리쳐 무함했고 조그마한 원한도 반드시 보복하였다"며 임금에게 파척을 청했다. 전쟁 중에 파당의 정치를 한 것이다.

대사간 이기, 사간 이상의, 헌납 최관이 아뢰기를, "고 인성부원군 정철은 성질이 사납고 괴팍하여 어진이를 꺼리고 남을 이기기를 좋아하여 시기와 질투만을 일삼아 왔었습니다. 자기와 의사를 달리하는 사람은 물리쳐 무함했고 조그마한 원한도 반드시 보복하였습니다. 그는 늘 최영경이 자신의 간사함을 배척한 것을 원망하면서 묵은 감정을 끼고 분노를 품어 오면서 그 독성을 부리려 한 지가 오래였습니다. 그러던 차에 마침 역적의 변이 있는 틈을 타서 문득 배척하고 무함할 계책을 내어 허다한 근거 없는 말을 지어내서 드디어 그 옥사를 일으켰던 것입니다. 영경의 죄상이 근거가 없음이 밝혀져 성상께서 특별히 석방해 주라는 명을 내리자 은밀히 언관(言官)을 사주하여 다시 죄목(罪目)을 청해서 마침내 옥중에서 죽게 만들었으므로 온 나라 사람들이 그의 원통함을 말하지 않는 이가 없었습니다. 지금 성상께서 일월 같은 밝음을 넓히시고 천지처럼 인자한 은택을 내리시어 그 처자를 구휼해 주시고 또 그에게 증직(贈職; 벼슬을 높여)을 내리시니 보고 듣는 이들이 누군들 감격하지 않겠습니까. 원통함을 풀어주는 것과 악한 자를 주벌하는 것은 바로 제왕(帝王)의 큰 정사이니 어느 한 쪽도 폐해서는 안 됩니다. 그래서 신들이 정철이 선사(善士)를 무함해서 죽은 죄를 논하려는 것인데, 정언 박동열은 '영경이 죽은 것은 정철의 죄가 아니라 실은 그 당시의 논사(論事; 일)한 사람들에게서 나온 것이다.'고 주장하였습니다. 신들의 뜻은 그때 영경을 배척하고 무함한 것이 정철이 지시하고 사주하지 않은 것이 없는데 이제 와서 허다한 사람들을 추구(追咎; 전날 허물을 나무람)하여 시끄러운 단서를 열어서는 안 되겠기에 정철의 죄상만을 논계하려던 것입니다. 그런데 논의가 동일하지 않아서 동료들로 하여금 인피(引避; 함께 책임을 지고 일을 피하는 일)하게 만들었으니 이는 오로지 신들이 무상하여 믿음을 받지 못함으로 인해서 그런 것입니다. 직에 있을 수 없으니 신들을 파척(罷斥)하라고 명하소서."[185]했다.

임금은 이에 염치가 없었던지. "나는 눈물만 흘릴 뿐이다. 경들이 사직해야 할 필요가 뭐 있는가."[186]했다.

정철을 공격하는 동인들의 공세가 거세지자 정언 박동열이 나서서 "최영경 죽음을 정철이 주도한 것이 아니다"라고 주장한다.
송강을 두둔하는 일은 유성룡이 영상으로 있는 조정에서

용납할 수 없는 일이었다. 증오, 혐오, 적대, 인신공격의 행태가 도를 넘고 있었다. 파당이 작용된 정치에서 시작했으나 그 총구가 서인 타도 전방위로 확산돼 정치 전반을 흔들고 있었다. 여기서 멈춰야 했지만 그치지 않았다.

이날 지평 황시가 정철의 관직을 추삭할 것과 정철을 두둔한 박동열을 체차할 것[187]을 알렸다.

> 지평 황시가 아뢰기를, "고 영돈녕부사 정철은 본바탕이 단정선량하지 않아서 성품이 음험하고 야박하였습니다. 국운이 불행함을 만나 역적이 진신(搢紳; 지위가 높고 행동이 점잖은 사람)에서 나오자 은밀히 화를 일으키는 것을 즐겁게 여기는 마음을 품고는 숙감을 한껏 풀어볼 계책으로 시기를 타고 틈을 엿보다가 무고한 사람을 배척하고 무함하게 되었던 것입니다. 최영경은 본래 산림의 선비로서 곤궁하게 살면서 도(道)를 지킬 뿐이었고 세상일에는 참여한 적이 없었습니다. 다만 평일 정철의 사람됨이 간사하다는 것을 알았기 때문에 논의하는 사이에 조금도 용납하지 않았었는데, 그 때문에 정철이 극력 모함할 뜻을 품고 근거 없는 말을 가지고 백방으로 죄를 얽어 기어코 죽게 한 다음에야 그만두었던 것입니다. 그리하여 유림들은 기운을 잃게 되었고 길 가는 사람들까지도 원망하고 탄식하게 만

들었으니, 그의 용심(用心; 마음 씀이)의 참독(慘毒; 잔인하고 악독)함이 극에 달했다 하겠습니다. 대신(大臣)이 되어 이 같은 극악한 죄를 졌는데도 그 죄를 바로잡지 않는다면 장차 공론(公論; 공평한 의론)을 부지시키고 인망(人望; 덕망)에 보답할 길이 없어서 여정(輿情; 여론)이 분통해 하고 억울해 할 것이므로 나라 사람들의 말이 더욱 극심하게 될 것입니다. 그의 관작을 추삭(追削)하도록 명하시어 신하로서 간사한 마음을 품고 인물을 해치는 자를 경계하게 하소서. 정언 박동열은 동료들이 최영경을 배척 무함한 정철의 죄를 논박하려 하자 '정철은 국정을 맡은 대신으로 이를 진정시키지 못했으니 마땅히 이것으로 논박해야 할 일이요, 기회를 틈타 배척하고 무함했다고 논박한다면 원통한 일이 아니겠는가. 나는 평소의 정견(定見)을 믿어왔으므로 사세로 보아 구차하게 뇌동하기가 곤란하다.' 하니, 대사간 이기 이하가 '정철이 선사(善士)를 무함하여 죽인 죄를 논하려 하였으나 논의가 귀일되지 않아서 동료들로 하여금 인피(引避; 함께 책임을 지고 일을 피하는 일)까지 하게 하였으니 이것은 오로지 신들이 무상하여 신임을 얻지 못한 탓이다.' 하고, 모두 인혐(引嫌; 자기의 과실에 대한 책임을 지고)하고 물러갔습니다. 정철이 감정을 품고 배척하여 무함했던 사실은 여러 사람이 본 바로서 사람마다 분하게 여기고 있는 것입니다. 그리고 저 이기와 같은 사람들은 한 나라의 공론을 가지고 그 죄를 논하려 한 것인데, 박동열이 '정철을 기필코 기회를 틈타 배척하고 무함했다는 죄에 빠뜨리려 하고 있다.'고 하였습니다. 정철을 혹 구제하려는 뜻이 있었다 하더라도 속으로는 실상 비방한 흔적이 뚜렷하고 매우 분명하여 숨길 수가 없습니다. 대사간 이하를 모두 출사(出仕; 벼슬에 나아감)하도록 명하고 정언 박동열을 체차(遞差; 다른 사람으로 바꾸게)하게 하소서."하니, 답하기를, "체차 시키고 출사하도록 하는 일은 아뢴 대로 하라. 그리고 최영경의 일에 대해서는 바로 나의 죄일 뿐이니 다른 사람을 탓할 수 없다."하였다.[188)]

동인들의 말은 곧 조정의 결정이 되었다. 또 동인이 장악한 조정에서는 서인들이 옳은 목소리를 낸다는 것은 직을 걸어야 할 일이었다.

동인들은 "정철은 본바탕이 단정 선량하지 않아서 성품이 음험하고 야박하다"거나 "국가의 운명이 불행함을 만나 역적이 지체 높은 관리에서 나오자 은밀히 화를 일으키는 것을 즐겁게 여긴다"거나 "정철은 성질이 강포하고 편벽되며 남의 재능을 시기하고 이기려 들었던 사람으로", 또 "정철은 바탕이 단정하지 않고 성품이 험악하였기 때문에", "정철은 강퍅하고 편벽되고 시기하고 이기기를 좋아하는 성품으로 작은 원한도 반드시 보복할 마음을 품고 있다"며 공격했다.

매일 정철 비난은 계속된다. 이 공세에 동인들이 총 출동했다. 5월 28일에는 사간원과 사헌부가 잇따라 나서 "정철의 관작을 추급하여 삭탈할 것"을 요청했다. 5월 29일에도, 30일에도, 6월 2일에도 사헌부와 사간원이 정철 공세에 나선다. 8월에는 퇴계 제자인 대사헌 김우옹과 장령 기자헌이 공세에 가담했고, 이날 대사간 이기도 정철 비판에 나선다. 동인들의 서인 공세는 어처구니없는 일이었다. 임진왜란 당시 영웅이라는 유성룡이 영의정으로 정권을 잡고 있는 기간에, 그것도 진주성전투로 엄청난 피해를 본 뒤 채 1년도 안된, 그리고 실제 전쟁 중에 벌어진 일이라고는 믿기지 않았다. 이는 세간에 알려진 "임진왜란의 국난을 극복해낸 숨은 영웅이라는 서애 유성룡"이라는 면모가 전혀 보이지 않는 대목이다. 그것도 전쟁 중에, 이 어처구니없는 집요한 당파적 정치 공세가 빈번했다. 그 사실상의 배후가 유성룡이라고 해야 옳을 일이었다.

이런 공세를 한심하게 생각했던 정업 이시발이 정철을 논죄하는 당시 동인들 집권세력을 향해 사실상 "이게 나라냐"며 "당파 싸움 말고, 왜적 토벌에나 힘써라"고 항변했다. 이시발은 "지금 대단히 급한 일이 적을 토벌하고 원수를 갚는 것 외에 뭐가 있느냐"[189]며 "예로부터 조정에 사단이 많으면 이는 나라에 큰 불행이었다. 지나간 역사에서 패망한 재앙이 이러한 연유에서였다"고 꼬집었다.
그는 또 "지난날을 거울삼아 뒷날을 경계하면서 힘을 모으고, 마음을 합해 함께 국력을 모으고, 군사의 훈련을 도모하고, 진심과 정성으로 하늘에 맹세하여, 기어이 망국(亡国)한 수치를 씻는 일에 밤낮으로 힘써야 할 것"이라고 호소했다.
그는 "3년 동안 적과 대치하여 온갖 일이 깨지고 양식도 잃고 군사도 황폐해져, 한 치의 계책도 쓸 수가 없어 국가 형세가 위기일발"이라며 "이런 생각을 하면 머리털이 쭈뼛해지고 간담이 서늘해진다. 어찌 다른 일을 돌아볼 겨를이 있겠느냐"고 동인들을 비난했다. 그러나 이시발의 바람처럼 동인들의 서인 공세는 멈추지 않는다. '애먼 사람에 대한 인격살인'은 그칠 줄 모른다.

8월 7일 정언 김용이 정철을 비판했고, 8월 8일 부제학 김늑이 정철 문제를 제기하고, 이를 두둔한 신흠 · 이시언 · 이시발은 자르도록 하고, 김우옹 · 기자헌 · 이기 · 김용은 모두 관직을 내리라고 주장했다.
8월 9일에는 사헌부가 또 정철 문제를 또 집중 공격했다.

동인들의 대대적인 공격을 보다 못한 장령 이경함과 지평 조수익도 가만있지 않았다. 이경함과 지평 조수익은 10월 6일 잇따라 "정철이 국사를 담당하였으면서도 영경의 죽음을 구원하지 못하였다고 하는 것은 옳을 수 있지만, 감정을 가지고 얽어매어 죽였다고 하는 일, 자세히 모르는 일을 가지고 남에게 막대한 죄를 씌우는 짓은 할 수가 없다"며 "대체로 사론(士論)이 둘로 나뉜 뒤로 조정이 편안치 못하고 그 화가 결국 오늘날까지 이르렀으니, 어찌 나라의 큰 불행이 아니겠는가?"라고 문제 삼았다.

이들은 "지금 흉적이 변경에 아직도 진을 치고 있어 대소 신료(臣僚)가 토적하는 일 외에 다른 일에는 생각이 미칠 겨를이 없는데, 어찌 들고 일어섰느냐"며 "나는 줏대 없이 그 의견에 따라 움직일 수 없으니 나를 파직하라"[190]고 힘주어 호소했다.

그런데 퇴계 제자인 대사헌 김우옹이 이 말에 제동 걸고 나섰다. 그는 정철을 또다시 문제 삼고 "나라의 일이 매우 위급한데 조정의 의논이 통일되지 못하면 결국 안정될 때가 없을 것이니 어찌 더욱 걱정해야 될 일이 아니겠는가?"[191] 라고 맞대응했다.

10월 7일에 사간원이 김우웅의 편을 들고 나섰다. 이에 대관 이경함과 조수익 등이 정철 · 최영경의 일에 대하여 논의가 다르다고 하여 파직 당했다.

공방이 끊이질 않았다. 10월 12일에 사간원 명으로 정철을 비판한 것과 관련 사간원이었던 신경진이 이를 비판하고 나섰다. 그는 "이경함과 조수익 등이 정철 · 최영경의 일에 대하여 논의가 다르다고 하여 파면 당하였는데, 정철은 국사를 맡은 대신으로서 최영경의 죽음을 막지 못하였으니 그 책임이 없지는 않겠지만, 그렇다고 '감정을 가지고 죄를 얽어 죽였다'고 하는 것은 사람으로서 막대한 죄"[192]라고 비판했다. 그는 "극악한 죄명을 남에게 씌워서는 안 된다"며 "더구나 지금은 흉악(凶惡)한 왜적이 아직도 변경을 점거하고서 으르렁대고 있어 국가의 형세는 가물가물 겨우 실낱같은 명맥을 유지하고 있는 생사존망이 걸린 매우 위급한 때이다"며 강경한 기조로 '자신을 파직해 달라'고 청했다.

10월 13일 정언 박동선도 '최영경 사건, 그만 좀 우려먹으라'는 논조로 "정철이 이미 그 때의 일로 인하여 귀양 가서 해를 넘기고 변란 때문에 소환되었으니 그 죄를 받지 않았다고 말할 수는 없을 것"이라며 "그런데 어찌 또 다시 이를 가지고 서로 다투어 분쟁을 야기 시키고, 최영경의 무고함을 신원하기 위하여 또 죄가 없는 정철을 죄준다면, 정철의 원통함도 최영경과 다를 바가 없으리라"[193]고 잘라 말했다.

그는 "침입한 왜적이 아직 물러가지 않았고, 국가의 수치도 씻지 못하였으니 위아래가 어쩔 줄 몰라 하고 창을 베고 와신상담하기에 겨를이 없어야 할 터인데, 자기와 의견이 다른 자를 공격하고, 사사로운 목적을 위하여 모인 당을 세우기에 급급하여, 한 세상을 휘어잡아 말을 못하게 하니, 이는 나라를 텅 비게 하고 나라를 망하게 한 뒤에야 그만두려는 행위라 하지 않겠는가"라고 분개해 했다.
점차 정철을 두둔하는 목소리가 커지자, 그동안 목소리를 내지 않고 뒤에서 이를 관망해온 동인계 수장 유성룡이 나섰다. 10월 14일이었다.
유성룡은 "요즘 사헌부 · 사간원의 일을 보면, 정철 한 사람의 일로 매우 소요스럽다"[194]고 정철 문제를 우회적으로 비난하고 나선다.
그는 "'공론을 신장시켜야 한다'[195]고 논쟁을 부추기는 발언도 하고, 또 '정철은 모르는 일이다'라며 이미 지난 일을 가지고 이처럼 다투어 조정이 안정되지 못하게 하고 있다"며 "근거 없는 동인 · 서인의 일로 이 지경에 이르렀기 때문에, 전부터 동서인의 일을 입에 담지 않았다"고 마치 정치공세는 계속하되 자신과는 무관한 일쯤으로 해 슬그머니 한발 뺀다.
유성룡의 발언에 정철의 아들 정진명이 침묵을 깼다. 그는

10월 27일에 "최영경의 죽음은 내 아버지의 소행이 아니다"[196]고 적극 대응하고 나섰다.
이번에는 유성룡이 정진명의 말에 발끈했다. 유성룡은 "정철의 아들 정진명이 아비를 위하여 악을 숨기는 것"[197]이라고 마치 정철 관련 일을 사실인 냥 규정했다.
유성룡의 발언은 다시 동인들의 집요한 서인공세에 불을 붙였다. 11월 6일과 7일, 8일에 양사가 "정철의 관작을 추탈할 것"[198]을 청했고, 11월 9일에 퇴계학맥의 선발주자인 부제학 김늑과 유성룡의 수제자인 정경세가, 11월 12일에는 퇴계 제자 김우옹이 나서 정철 문제를 거듭 들고 나섰다.
완전히 정치가 실종되고 파당의 공세의 장이 됐다. 매일 이런 논쟁으로 시간을 허비했다. 전쟁 중에 이를 잘 대비해야 한다는 말이 공허한 말이 됐다. 이 공세에는 유성룡 친위대가 적극 가담했다. 특히 유성룡의 대변인 격인 김늑과 정경세, 그리고 김우옹이 수차례 정철 비난에 가담한다. 뒤에 유성룡이 배후에서 조종하지 않고는 할 수 없는 일이었다.
유성룡의 발언 뒤에는 영상 유성룡 권력을 지탱해주는 사헌부 · 사간원 양사가 매일 폭탄급 발언으로 "정철의 관작 추탈할 것"을 주장하고 나선다.

전쟁 중인 나라라고 말 할 수 없는 대대적인 서인을 대상으로 공격하는 집단 공세였다. 절망적인 것은 영의정 유성룡 권력이 "이게 문제다"라는 것을 인식조차 못한다는 것이다. 전쟁 중에 "왜적 토벌에나 힘써라!"라고 항변하는 민중의 목소리가 이상한 소리로 들릴 지경이었으니 말 이다. 당시 조정에 남은 서인들 숫자는 거의 없었다고 봐야 한다. 또 정철을 비호하는 일은 곧 체직으로 이어졌다. 게다가 이는 단순한 제명이 아닌 영구제명수준이 될 일이었다.

신흠이 쓴 〈정엽 행장(鄭知事行狀)〉에 당시의 분위기가 사실적으로 묘사돼 있다. 수몽 정엽(1563-1625)은 감찰·형조좌랑을 역임한 인물이다.

> 송강 정철은 충직함 때문에 시속 사람들에게 해독을 받아왔는데, 그가 이미 죽은 뒤에도 당로자(當路者)에게 씹혔는바, 당로자가 그의 관작을 추탈하려고 하나 정엽이 옥당(玉堂)에 있음을 두려워하여 감히 발설하지 못하다가, 끝내는 정엽을 무함하기를 "정모(鄭某; 정엽)가 장차 상의 앞에서 정철의 관작 추탈하자는 논의를 막을 것이다." 하고는, 먼저 정엽을 공격하여 제거하였다. 그 후 얼마 안 되어 다시 사헌부 장령에 제수되었다가 곧 해직되었다.[199)]

사헌부 장령에 제수된 정엽이 해직된 것은 송강 정철을 두둔한 일 때문으로 읽힌다. 지난 1589년 기축옥사 초기 최영경과 호남유생 50여명의 상소로 본 피해는 컸다. 이 상소에 연명한 광주향교를 중심으로 한 진사 정암수, 생원 양산룡 등 50명의 유생은 사실상 영구제명을 당해 더 이상 관직에 발을 붙일 수 없게 됐다. 임진왜란 기(期)에 호남선비의 중앙정계 진출 숫자가 크게 준 것은 이 영향이 컸다고 봐야 한다.

당시 얼마나 동인들의 공세가 집요했던지, 결국 11월 13일에 동인들의 집요한 공세에 임금 선조도 굴복해 정철의 관작 추탈을 용인하고 만다.

정철이 '관작 추탈'로 마무리 되자 이번에는 그 공세의 칼날이 좌의정 윤두수를 집중됐다. 동인들의 정치는 오직 "서인 타도"였다. 멈추지 않는 서인 공세는 계속 이어졌다.

10월 20일 사헌부는 "좌의정 윤두수는 본래 성품이 음흉한 데다가 탐욕스럽고 교활하여 간신(정철을 지목)이 국사를 담당하고 있을 때에 그의 사주를 받아 훌륭한 선비를 해쳐 옥중에서 굶주림과 추위에 죽게 하였다"[200]고 과거 일을 문제 삼았다. 정철을 공격했던 사안을 윤두수에게도 문제 삼는다. 공세는 집요했다.

10월 29일 유성룡 등이 참여한 회의에서 윤두수 탄핵문제가 집중 거론됐다. 판결사 윤선각은 "윤두수는 중한 논박을 당하여 형세상 직책을 수행하기가 어려우니 다른 사람으로 바꾸지 않을 수 없다"[201]고 말했고, 부제학 김늑은 "윤두수에 대해서는 공론에서 나온 것인데 지금까지 자르지 않은 것은 매우 부끄러운 일"[202]이라 했고, 윤선각은 또 "윤두수는 그대로 무릅쓰고 있게 할 수는 없는 일"[203]이라고 했다. 이에 유성룡도 이에 그의 제자와 함께 적극 동조하고 나섰다. 유성룡은 임금에게 "사세 상 불가한 점이 있다"고 거들고, 유성룡 수제자인 정경세도 "공의가 이미 발론되었는데 어떻게 그대로 눌러 있게 할 수 있겠습니까?"하고 이들의 주장에 힘을 실어준다.

전쟁 중에 있었던 서인공세에 사실상 퇴계학맥이 총 동원됐다. 이러한 퇴계학맥이 총 동원된 집요한 공세 뒤 나올 법한 말이 "이게 나라냐"였을 것이다. "그만하자. 전쟁 중이지 않느냐, 상식 있는 백성이라면, 나라를 걱정하는 사람이라면 이 폭력적인 공세에 가담해서는 안 된다. 전쟁 중에 모두 똘똘 뭉쳐 나라를 지켜내려는 사람이라면 해서는 안 될 일"이라고 했지만 허사였다.

전쟁으로 지친 백성들의 피곤한 삶은 그들에게 보이지 않았다. 동인들이 임진왜란 직전 이 공세로 우왕좌왕하는 사이 왜침의 컨트롤타워가 망가진 경험을 한 지 2년도 채 되지 않았다. 반성도 없었다. 오직 권력 쟁탈전만 있었다.
그런데, 양민의 생명과 안전을 책임져야 할 조정 대신들이 또다시 서인공세로 갈팡질팡 허비한 사이 2년여 뒤 또다시 임진왜란과 함께 민족 최대 아픔이 된 정유재란을 무방비로 맞게 된다. 유성룡이 영의정이라는 권력 정점에 있을 때 일어난 일들이었다.
이런 조정의 한심한 모습은 선조 37년인 1604년 6월, 대대적인 공신책봉에서도 여실히 드러난다. 수많은 의병장이 목숨 걸고 칼을 들었지만 공신으로 책봉 받은 의병장은 한 명도 없었다.
심지어 전란에서 무공을 세운 자에게 준 선무공신은 18명인데 비해 선조의 도주 행렬을 수행한 신하나 내시 등이 호성공신으로 86명이나 선정되는 논공행상을 꿰어 찬다.
선조와 집권당파인 동인들에겐 나라 지킨 의로운 의병보다 자기를 가까이서 지킨 패거리가 더 중요했다.

기축옥사에 대한 냉혹한 평가

기축옥사에 대한 평가는 어떻게 할 수 있을까? 특히 기축옥사 뒤, '주류 동인'과 '서인'들에 대한 냉혹한 평가는 과연 있었을까? 분명히 그 평가는 있었다. 그 평가는 기축옥사가 끝난 바로 직후, 그것도 임진왜란이 발발하자 바로 평가가 내려졌다고 봐야 한다.

우선 기축옥사 기간 크게 희생된 인사들이 임진왜란 전투에 속속 복귀한다. 임진왜란이 발발하자 옥에 갇히거나, 귀양 갔거나, 삭탈관직 돼 쫓겨난 서인들이 돌아오고, 주류 동인들은 오히려 쫓겨나는 신세가 된다. 이는 사실상 기축옥사에 대한 냉정한 평가인 셈이다.

임진왜란이 발발하자마자 맨 먼저 의금부에 투옥된 김여물이 돌아온다.[204] 그는 주류 동인에 의해 관직에서 쫓겨나고, 또 옥에 갇힌 인물이다. 그는 1591년 기축옥사 때 의주목사로 근무하다가 뜬금없이 '정철의 당인'으로 몰려 파직당하고, 투옥되었다가, 돌아온다. 전쟁 발발 이틀만인 4월 14일이었다. 그를 가둔 임금이 "김여물의 재능과 용맹을 아까워한다"며 전쟁 방어에 나서라며 출옥시킨 것이다. 염치라도 있었을까? 싶다. 그를 사지에 몬 유성룡이 김여물을 불러 계책을 의논하자고 청했다.[205] 권력자 유성룡이 파직되기 직전 4월 14일이었다. 유성룡은 임금에게 "신이 이번에 여물을 처음 보고 병사(兵事)를 의논해 보니, 무용(武勇)과 재략(才略)이 남보다 뛰어나 막중(幕中)에 두고 계책을 세우는 데 자문하도록 하였으면 한다"고 전했다.[206] 그리고는 유성룡은 김여물을 사지(死地)인 탄금대(彈琴臺) 전투에 몰아넣는다. 김여물은 이 전투에 참전해 돌아올 수 없는, 희생자가 된다.

전 의주목사 김여물은 무관이 아닌 문관이었다. 순천 출신인 그는 선조 10년, 1577년 알성시에서 장원한 인재였다. 기축옥사 기간 동인들이 가둔 그의 죄는 명나라 사신이 오는 중에도 성을 보수했다는 죄였다. 또 그가 호남 출신으로 송강 정철과 가깝다는 것이 죄였다. 김여물의 고향이 순천이었기 때문에, 전라도인 이라는 것만으로도 죄가 됐다. 전투에 참전한 그의 일화는 신화처럼, 소설처럼 내려온다. 일본 측 기록인 『회본 태합기』(1797~1802년에 일본에서

『회본 태합기』에 묘사된 조선 장수(김여물로 추정)

수염이 장비처럼 난 장수가 장렬하게 싸우는 장면이 묘사돼 있다. 이 인물이 김여물일 것이라는 추측이다. 수염이 장비처럼 난 것은 김여물이 의금부 감옥에서 나오자마자 전투에 투입돼, 마치 장비처럼 다듬지 않은 수염을 휘날리고 전투했을 것이라는 추측에서 이다.

편찬한 소설, 삽도(揷圖)가 많이 포함되어 있다)에 수염이 장비처럼 난 장수가 장렬하게 싸우는 장면이 묘사돼 있다. 이 인물이 김여물일 것이라는 추측이다. 수염이 장비처럼 난 것은 김여물이 의금부 감옥에서 나오자마자 전투에 투입돼, 마치 장비처럼 다듬지 않은 수염을 휘날리고 전투했을 것이라는 추측으로 만들어진 이야기다.

4월 23일에는 임금이 기축옥사 기간 귀양을 간 윤두수를 석방해 부른다.[207] 윤두수는 "정철에게 붙어 당인이 되었다"[208]는 죄목으로 파직되고, 회령에 정배하였다가 홍원으로, 해주로 옮겨 귀양을 갔었다. 당시 많은 서인계 선비들이 윤두수처럼 송강 정철을 알고 지낸다는 것이 죄였다.
반면 기축옥사를 이용해 권력을 장악했던 '주류 동인'은 전쟁 뒤, 어떤 처분을 받게 됐을까? 그들은 전쟁이 발발하자 "왜의 침략을 외면하게 만든 책임자로, 또 기축옥사 기간 전횡을 휘두른 인사"로 몰린다.
김성일, 유성룡, 이산해, 김공량 등이 그들이었다.
기축옥사 기간, 임진왜란이 일어나기 1년 전인 1591년 도요토미 히데요시를 만나고 돌아온 김성일이 "일본은 조선을 침략하지 않을 것"이라고 했던 장본인이었기 때문이다.
정사 황윤길이 한 바른 보고를 봉쇄한 데에는, 그의 절친 이자 동문인 유성룡이 있었다. 따라서 유성룡과 김성일은 우리역사에 가장 큰 잘못을 저지른 인물이 된다. 임진왜란으로 인해, 그 전쟁과 이로 인한 기근, 그리고 질병으로 당시 조선 인구 절반에 가까운 200여만 명이 죽는 대 참사를 겪어야 했기 때문이다.

당시 선조실록과 기재사초 등 각종 기록에도 '전쟁을 대비치 못하게 한 책임자 처벌 문제'가 떠올랐다. 그 대상은 우선 주류 동인이었고, 그 중심인물이 '김성일'이다.

4월 17일 임금은 의금부 도사를 보내어 경상 병사 김성일을 잡아오게 한다.[209] 그를 잡아다 국문하도록 명하였다.[210] 왜가 침입해 들어오지 않을 것이라고 진술한 말에 대한 죄를 다스리기 위한 것이었다.[211] 그는 일본에 사신으로 갔다가 돌아와 "적이 틀림없이 침략해 오지 않을 것"이라고 보고해 인심을 해이하게 하고, 국사를 그르쳤다는 이유였다. 그런데 김성일 추포 명령을 유성룡이 막고 나섰다. 유성룡이 전쟁을 대비치 못하게 한 김성일 추포를 막고 나선 것은 혹 사연이 없었을까? 김성일도 일본에 가 정세를 살피고 왔지만, 그가 "전쟁을 없을 것"이라고 보고한 데에는 유성룡의 영향력이 작용하지 않았을 리 없었을 것이다. 유성룡이 임금에게 "김성일의 충절은 믿을 수 있다"고 말하였다.[212] 당시만 해도 좌의정으로 있던 유성룡은 임금의 가장 가까이에 있는 측근 중의 측근이었다. 그의 말 한마디에 임금이 행동을 멈추게 할 수 있었던 것은 분명했다.
4월 24일 유성룡의 말을 들은 임금이 의금부에 이야기하여 김성일을 체포하여 오지 말도록 명령했다. 김성일은 당시 직산(稷山)까지 왔었다.[213] 김성일을 석방시켜 도로 경상도 초유사(招諭使)로 삼았다.[214]

책임자 처분도 그랬다. 좌의정 유성룡만은 빠진 채, 영의정 이산해와 우의정 이양원, 그리고 김공량이 책임자로 몰린다.

5월 3일 양사가 이산해를 논박했다.[215] 명분은 이산해가 맨 먼저 파천을 주장했다고 논박하여 먼 곳에 찬출할 것을 청했다. 이에 임금이 삭직(削職)을 명했다. 우의정이었던 이양원도 정승자리에서 체직시켰다. 그런데 유성룡만 홀로 승진한다. 임진왜란 직전부터 영의정 이산해, 좌의정 유성룡, 우의정 이양원으로 삼정승이 모두 주류 동인계였는데, 정작 좌의정 유성룡만 빼고 영의정과 우의정만 체직시킨 파행적인 인사였다. 게다가 유성룡이 오히려 영의정으로 영전까지 한다. 이날 인사에서 영의정 자리에 좌의정 유성룡을 올리고, 서인계 최흥원과 윤두수를 각각 좌의정과 우의정으로 삼았다.

민심의 불만은 유성룡만을 두둔한 임금에게로 쏠렸다.

이날 임금이 개성 남문루에 나아가 백성을 만난 자리에서 "각각 마음에 품은 바를 다 이야기 하라"고 말했다. 임금이 백성들을 모아 위로하는 자리에서였다.[216]

나이가 많은 어르신들이 앞으로 나와 "정 정승을 부르소서!"했다. 정 정승은 지난해 유성룡과 이산해가 함정에 빠

뜨려 광해를 세자로 책봉하자고 직언해 귀양 간 송강 정철을 가리킨 것이었다.[217)]
임금은 "알았다"고 대답했다. 그리고는 즉시 정철을 석방하도록 명했다.[218)]

"경(정철)이 대의를 위하여 목숨을 바쳐 지키려는 충효와 절개를 알고 있으니 속히 행재소로 오라!"[219)]

이로부터 1589년 기축 년부터 1591년 신묘 년에 이르는 기간 동안 처벌받은 서인들이 모두 석방되어 돌아와 다시 복직되었다.

정철과 서인들을 돌아오게 한 날, 영의정 자리에 오른 동인 영수 영의정 유성룡이 탄핵되고, 파직된다. 개성에 살고 있는 민중들과 조정의 목소리에 밀려, 최고 권력자였던 그가 물러난 것이다.
신잡이 "영의정 이산해가 나라를 그르쳤다는 것으로 죄를 입었다면, 아상(亞相; 좌의정 유성룡)이 어떻게 혼자 면할 수 있겠는가?"[220)]라고 강력하게 주장했다.
양사도 "좌의정 유성룡은 나라를 그르치게 한 죄에서 홀로 면하기 어렵다, 그를 파직시키소서!"[221)] 했다.

4월 27일 생원 구용과 권필이 상소했다.[222]

"유성룡의 강화 주장과 이산해의 나라 그르침은 실로 오늘날의 진회(秦檜; 간신의 대명사, 송나라 재상)와 양국충(楊國忠; 당나라 현종 때 양귀비를 등에 업고 권신이 된)이오니, 참수하여 백성에게 사죄하게 하소서."[223]

유성룡이 파직된다. 이는 조선 역사에서 최단 영의정으로 기록될만한 일이었다. 게다가 이 사태는 또 그는 이미 기축옥사 기간 임금 선조와 함께 수많은 인사들을 죽이고, 귀양 보내고, 체직시킨 장본인이자, 또 이로 인해 임진왜란이라는 전쟁을 막지 못하게 한 대표인물로 기억할만한 일이었는지도 모른다.
유성룡이 쓴 〈서애집〉의 연보에 이와 관련된 기록이 나온다. 이날 유성룡의 파면은 신잡 등의 모함 때문이라고 치부한다.

이날 저녁에야 결국 파면되니, 이는 신잡 등의 모함 때문이었다.[224]

이 역시 자신의 실책이나 책임, 반성이 없다. 최단임 영의정 유성룡이 물러나고, 그 자리에는 중립적인 인사와 서인 인

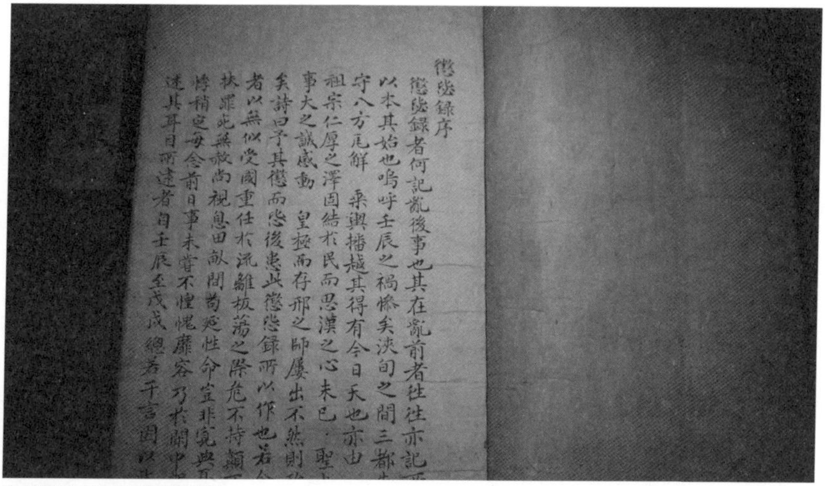

懲毖錄

懲毖錄序

懲毖錄者何記亂後事也其在亂前者往往亦記

以本其始也嗚呼壬辰之禍慘矣浹旬之間三都

守八方瓦解 乘輿播越其得有今日天也亦由

祖宗仁厚之澤固結於民而思漢之心未已 聖

事大之誠感動 皇極而存邢之師屢出不然則

矣詩曰予其懲而毖後患此懲毖錄所以作也若

者以無似受國重任於流離板蕩之際危不持顚

扶罪死無赦尚視息田畝間苟延性命豈非寬典

時稍定每念前日事未嘗不惶愧靡容乃於閒中

述其耳目所逮者自壬辰至戊戌總若干言因以

유성룡의《징비록(懲毖錄)》

유성룡의 징비록에는 상대당인 서인에 대한 비판이 많다. 이런 때문에 그의 졸기에 "임진년의 일을 추기(追記)하여 이름하기를《징비록(懲毖錄)》이라 하였는데 세상에 유행되었다. 그러나 식자들은 자기만을 내세우고 남의 공은 덮어버렸다고 하여 이를 기롱하였다."고 평가하고 있다.

물로 바뀐다. 좌의정 최흥원을 영의정으로, 윤두수를 좌의정으로 승진시켰다. 그리고 유홍을 우의정으로 삼았다.[225] 어쩌면 유성룡이 파직으로 그친 것만 해도 다행이라 생각해야 할 일이었다. 국정을 어지럽게 만든 책임자인 김공량에게는 '참수형'을 내리자고 했다. 유성룡이 탄핵되던 날 삼사가 김공량을 "효시(梟示)하자!"[226]고 극언한다. 참수형을 내려, 죽음이 된 목을 막대기에 걸어두자는 것이 효시 형벌이다. 임금 선조는 "왜변(倭變)이 어찌 이사람 때문에 일어났겠는가?"[227]했다.

유성룡에 대한 가벼운 처분은 이항복과 홍이상 등이 극력 구원하였기 때문에 파직으로 마무리 된 것이다.[228)]
유성룡 등 주류 동인 때문에 윤두수, 윤근수, 고경명, 고종후, 김여물 등 거의 모든 서인 지도자들이 탄압 받았고, 이로 인해 주류 동인이 크게 세력을 키워 국정을 주도했지만, 그들이 쫓겨나는 신세가 된 것이다.

주류 동인과 임금 선조에게 탄압받은 서인들과 비주류 동인들은 관직에서 쫓겨났고, 귀양을 갔지만 전쟁이 발발하자 "빼앗긴 나라를 되찾겠다"며 죽음을 각오한 의병 길에 나섰다.
비주류 동인인 남명계 인사들이 의병으로 출장한다. 곽재우, 김면, 정인홍 등이 그들이다. 서인인 송천 양응정의 제자들도 자발적으로 의병대열에 나선다. 박광전, 최경운, 최경장, 최경회, 김언욱, 김덕우, 정명세, 정사제, 김광운, 류온, 양산룡, 양산숙 등이 그들이다. 육군과 해군의 수장이었던 신립과 정운도 송천 양응정의 제자다. 송천의 제자였던 송강 정철도 복귀해 호남과 충청도 체찰사가 되어 전쟁을 진두지휘한다. 그 역시 기축옥사 기간 쫓겨난 신세였지만, 전쟁 뒤 귀양지에서 돌아와 나라를 구하는 일에 매진했다. 이들 서인계와 남명계 의병들은 빼앗긴 한양을 되찾겠다는 구국의 일념으로 죽음을 불사한 것이다. 특히 서인계 의병 대부분은 영남의 한복판인 진주성에 모여, 그곳에서 벌어진 2차 진주성전투에서 안타깝게 순절한다.

반면 기축옥사 기간 90% 이상을 주도한, 주류 동인 인사들의 의병활동은 어떠했는가? 이들에게서 의로운 이야기를 찾는다는 것은 거의 없거나, 아예 찾기 어려운 이야기쯤이 되고 있다. 전쟁을 막지 못하게 한 김성일이 초유사가 되고, 유성룡이 도체찰사가 되어 활약했다는 것이 거의 대부분이다. 앞으로 이 역사 또한 다시 반추해 볼 일이 아닌가? 싶다. 게다가 호남 서인계 의병장들이 2차 진주성전투에서 한꺼번에 죽임을 당할 때 이를 구원하지 못한 총 책임자가 도체찰사 유성룡이었다는 사실에, 왜 하나같이 동인계 의병장들은 이 전투를 외면했을까? 이 외면에는 혹 여전히 상존한 동서 갈등이 작용하지는 않았을까? 이 전투에 앞서 유성룡은 이 전투가 벌어질 것을 알고서도 진주로 향하지 않고, 자신의 어머니에게 효도하러 고향으로 발을 돌렸기 때문이다.
이 전투 4개월 뒤, 송강 정철이 죽고, 그 이듬해 유성룡 자신이 영의정에 올라, 한 일이라고는 여전히 조정에서 죽은 송강 정철을 다시 죽이는 일에 매진토록 판을 열어준다. 이런 일련의 일이, 진주성전투에서 죽은 서인계 의병들을 구원하지 않는 것도 다 파당이 작용한 것 아닌가?하는 의심을 사고 있는 것이다.

그런 면모가 여실히 드러난 것은 유성룡이 임금에게 "김천일의 군사는 모두 시정(市井)의 무리들이었으니 그런 군병으로 어떻게 수비할 수 있었겠습니까."[229] "김천일이 어느 겨를에 병사를 훈련시켰겠습니까. 그리고 그의 성질이 또한 실로 오활하고 옹졸하였습니다"[230]라고 폄훼하는 대목에서 그가 얼마나 서인을 미워하고, 폄훼했는지를 알 수 있다. 영의정인 유성룡이 임금인 선조에게, 의병으로 나가 나라를 구하다가 죽은 창의의병장을 평가한 말이라고는 믿기 어려운 말이다. 이 서인 폄훼 대목은 최고 권력자 영의정 유성룡의 명 저작?이라는 〈징비록〉에도 고스란히 나온다.

끝나지 않은, 역사왜곡

송강 정철은 왜 기축옥사 주도자로 몰렸나?

서인 폄훼와 송강 정철 죽이기는 전쟁 중인 임진왜란 중에도 계속된다. 유성룡이 임진왜란이 발발하자 영남 도체찰사가 되고, 그해 12월에는 평안도체찰사를 맡는데 이어 1593년 1월 호서 · 호남 · 영남 삼도체찰사, 그리고 그해 10월에 영의정을 맡으면서 다시 권력의 중심에 서 서인 죽이기에 나선다.

당시 유성룡의 권력은 하늘을 찔렀다. 1595년 10월에는 영의정에 경기 · 황해 · 평안 · 함경도 도체찰사를 겸임하고 있었다. 영의정 유성룡 권력기에 송강 정철 죽이기는 더 강렬해진다. 1594년 유성룡은 파당의 당수가 돼 상대 당을 공격하기까지 한다. 그는 의병장 김천일에 대해 "김천일의 군사를 모두 시정(市井)의 무리들이었다"거나 "김천일의 성질이 오활하고 옹졸하다"고 평가했을 정도였다.[231] 이런 인식 속에서 송강 정철에 대한 평가도 좋을 리 만무했다.

기축옥사부터 임진왜란 이후까지 정권을 독점한 동인 세 영의정 송강 정철이 기축옥사 주도자로 몰린 것은 기축옥사에서부터 임진왜란 때, 그리고 그 이후에 이르기까지 여전히 동인 정권이 공고해진 이유가 가장 크다고 봐야 한다. 기축옥사가 발생했을 때에는 영의정 유전이 타계하고 영의정 자리는 공석이었지만, 수장은 좌의정 이산해가 맡았고, 이어 그가 영의정에 올라 우의정과 좌의정으로 권력이 수직 상승한 유성룡과 함께 동인 정권을 이뤘고, 이어 유성룡이 5년동안 영의정 자리를 차지하여, 동인 정권을 공고히 했다. 또 이어 동인계인 이원익과 이산해가 영의정 자리에 올라 동인 권력을 탄탄히 다진다. 이 기간 죽은 송강 정철에 대한 공세가 집요했던 시기이기도 하다. . 좌측으로 부터 기축옥사와 임진왜란 뒤 선조 때 권력을 독점한 동인계 이산해,유성룡, 이원인이다

송강 정철이 기축옥사 주도자로 몰린 것은 기축옥사에서부터 임진왜란 때, 그리고 그 이후에 이르기까지 여전히 동인 정권이 공고해진 이유가 가장 크다고 봐야 한다. 기축옥사가 발생했을 때에는 영의정 유전이 타계하고 영의정자리는 공석이었지만, 그 자리를 대신해 좌의정 이산해가 맡았고, 이어 그가 영의정에 올라 우의정과 좌의정으로 권력이 수직 상승한 유성룡과 함께 동인 정권을 이뤘고, 이어 유성룡이 5년 동안 영의정 자리를 차지하여, 동인 정권을 공고히 했다. 또 이어 동인계인 이원익과 이산해가 영의정 자리에 올라 동인 권력을 탄탄히 다진다. 이 기간 죽은 송강 정철

영의정 윤두수

서인계인 윤두수가 영의정 자리에 올랐지만 잠깐이었다. 매일 조정에서 동인들의 집요한 공세로 "윤두서를 체직하라"는 공세에 몰리고, 결국 두 달도 안돼 물러나야 했다.

에 대한 공세가 집요했던 시기이기도 하다. 물론 잠깐이었지만 서인계인 윤두수가 영의정 자리에 올랐지만, 매일 조정에서 동인들의 집요한 공세로 "윤두수를 체직하라"는 공세에 몰리고, 결국 두 달도 안 돼 물러나야 했다.

또 동인들은 서원을 중심으로 한 조직적인 세력을 갖췄다. 일사분란하게 기축옥사 사태에 자기들이 유리한 구도로 대응할 수 있는 근거세력을 구축한 셈이다. 오죽했으면 서원을 "붕당의 온상"이라고 했을까? 반면 서인은 서원 문화가 아니었다. 누정 문화였다. 동인들만큼 세력을 갖출 수 없었던 것이다

게다가 송강 정철에게 유리했을, 기축옥사 기록이 통째로 사라진다. 임진왜란이 발발한 직후 선조를 수행하던 조존세 · 박정현 · 임취정 · 김선여 등 4명의 사관이 사초 책을 불구덩이에 집어넣고 줄행랑을 쳤기 때문이다. 이들 4명의

기축옥사 전후 권력(영의정) 주도

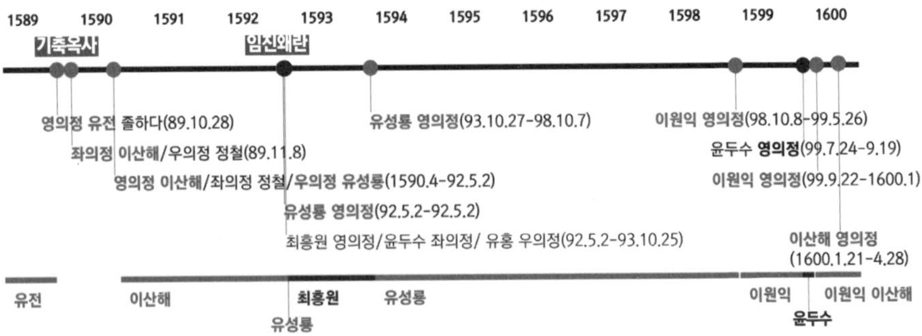

사관은 모두 동인계였다. 기축옥사 기간 정철을 귀양 보낸 뒤 사관마저 모두 동인으로 바꾼 것이다. 이 때문에 선조 즉위년(1567년)부터 임진왜란 직전(1592년 3월)까지의 역사기록이 잿더미가 되어 사라졌다. 기축옥사 관련 사초기록도 모두 사라진 것이다. 이 때문에 조선왕조실록 중 가장 형편없는 〈선조실록〉이 된 것이다.

의아한 점이 여럿 있다. 사관 네 사람은 모두 동인 사람들이다. 실록에 이산해의 문하인(門下人)[232]으로 기록돼 있다. 게다가 임금이 도성에 돌아온 뒤 네 사람이 돌아와 모였는데, 다시 사관으로 임용하자고 했고, 관직에 복귀하기도 한다.

김선여는 일찍 죽었지만 그 역시도 일찍 정계에 복귀했고, 조존세 · 임취정 등은 훗날 대관(大官)이 되기도 했다. 이를 미루어 보면 사초 책을 소각한 것은 의도적인 행동이 아닐까 하는 의문이 따랐다. 게다가 당시 동인 위정자와 임금이 밀착된 행위로 밖에 볼 수 없다는 주장도 나왔다. 사초를 불태운다는 것은, 큰 죄가 됐을 때였다. 또 사관이 할 수 없는 일이었다.

이를 뒷받침하는 몇 장면이 나온다. 의주로 가는 길에, 마치 임금인 자신이 의도적으로 4인방의 선임인 김선여에게 뒤쳐지도록 지시한 것으로 보이는 발언을 한다.

> 임금이 길에서 자주 돌아보며 "사관은 어디 있느냐?"고 물었는데 모두 "보지 못하였다"고 대답하자, 상이 이르기를, "김선여가 탄 말이 허약한데 걸어서 오느라 뒤에 쳐졌는가."[233]

정철과 최흥원이 임금에게 "임취정 등 사관 4명이 안 보인다"고 알렸지만, 임금은 이를 회피한 듯한 다른 발언을 한다.

> "임취정 · 박정현 등 주서(注書) 2명과 조존세 · 김선여 등 한림(翰林) 2명이 안주(安州)에서부터 뒤떨어졌습니다."[234]

임금이 이에 대답하지 않고, 다른 대답, 동문서답을 한다. 곽에게 하문했다.

"요동으로 건너가는 것이 어떠한가?"[235]

사초에는 임진왜란 직전에 전쟁을 미리 막지 못한 기록들이 담겨져 있었을 것이다. 임금 선조의 실책이 낱낱이 기록돼 있을 것이다. "일본의 침략은 없을 것"이라는 김성일의 의견을, 유성룡의 곁들인 말을, 그리고 이를 용인한 임금 선조의 말이 고스란히 담겨 있을 것이다. 또 전쟁을 1년여 앞두고 전쟁 준비를 하지 않고 서인들을 대대적으로 탄핵한 조정의 흑역사도 고스란히 이 사초에 담겨 있을 것이 분명했을 것이다.

사라진 사초로 인해 최대 피해자는 어쩌면 송강 정철이었을지도 모를 일이다. 기축옥사 주도자로 몰린 것도, 왕세자를 세우자는 건저문제도 다 이 사라진 사초에 기록되어 있을 것이 분명하기 때문이다.

기축옥사 2년 6개월 중 2년 4개월 동안 임금 선조와 함께 권력을 행사한 유성룡과 이산해의 기록은 말끔하게 사라진 기억이 됐다. 이들이 건저라는 함정을 파 송강을 귀양 보낸 일도, 전쟁이 없을 것이라는 동문 김성일의 발언을 두둔한 일도, 서인들을 대대적으로 탄압한 일도, 동인 가족들을 무고하게 희생시킨 일도 모두 다 흐릿한 기억이 됐다.

그리고는 이들은 역사의 영웅의 반열에 서게 된다.

반면 송강 정철과 서인들, 비주류 동인들은 어떤가? 이로 인해 억측과 오해로 점철됐다. 가해자가 바뀌고, 그들이 전쟁을 준비하지 못하게 한, 그리고 전쟁을 잘 대비한 주역들을 방해한 역사의 오점을 만든 이들로 탈바꿈 했다. 누가 이런 역사를 만들었나? 누가 이런 역사를 날조했나?

낙인찍힌 정치인 정철은, 임금 앞에서도 의견을 굽히지 않을 정도로 강직했다. 명종의 사촌 형인 경양군이 처남을 죽인 사건을 맡았을 때 명종의 부탁을 거절했다. 그리고 형 집행을 고집해 결국 요직에서 배제됐다.
1589년 정여립 역모 사건의 수사 책임자가 됐을 때도 신하를 함부로 죽이는 것은 안 된다고 임금에게 굽히지 않고 강변했다는 기록이 나온다. 그런 그가 동인 탄압의 주역으로 활약했다는 인사로 둔갑했다. 이때 옥사한 사람이 1천 명에 달했고, 모두 정철의 소행으로 바꾸어 놨다.
이 때문에 정철에 대한 평가는 악인 이미지로 만들었다.
동인들이 쓴 선조실록에는 "성품이 편협하고 말이 망령되고 행동이 경망하고 농담과 해학을 좋아했기 때문에 원망을 자초했다"고 기록됐지만, 이후 서인들이 쓴 선조수정실록에는 "충성스럽고, 청렴하고, 강직하고, 절개가 있어, 한결같은 마음으로 나라를 근심했다"고 적고 있다.
조헌은 "정철의 강직한 성미가 한 번 이발의 얼굴에 침을 뱉은 까닭으로 점점 없는 사실을 있는 것처럼 만들어 끝내 모함하여 초야에서 굶주리게 하였다"[236]고 안타까워했을까.

이런 일화도 전한다.
1581년 조헌이 전라 도사가 되었는데, 얼마 안 되어 송강이 감사가 되었다. 이때는 조헌이 이발 · 김우옹과 교유하던 터라, 처음에 송강을 헐뜯는 말을 믿고 그날로 벼슬을 버리려 했다. 이에 송강이 "그대가 나와 평소 잘 알지 못하는 터인데 무엇으로 그 흉칙스럽고 험하다고 생각하는가? 나와 같이 일 하면서 진짜 내가 소인(小人)이면 그때 떠나라." 했다. 그러나 조헌은 듣지 않으려했다. 송강이 이를 이이와 성혼에게 부탁했고, 이들의 부탁으로 조헌이 송강과 일했다. 일한 뒤 교분이 날로 친밀해졌다. 그때서야 조헌이 "처음에 내가 밝지 못해서 하마터면 공을 잃을 뻔했다"[237] 고 하였다.
많은 당시 선비들이 동인들의 무함에 맞서, 송강 정철의 올곧음을 주장하고, 동인들의 왜곡된 파행에 항변하고 나섰다.

송강 정철은 충직함 때문에 시속 사람들에게 해독을 받아왔는데, 송강이 이미 죽은 뒤에도 당로자(当路者)에게 씹혔는바, 당로자가 그의 관작을 추탈하려고 하나 정엽이 옥당(玉堂)에 있음을 두려워하여 감히 발설하지 못하다가, 끝내는 정엽을 무함하기를 "정모(鄭某, 정엽을 말함)가 장차 상의 앞에서 정철의 관작을 추탈하자는 논의를 막을 것이다."하고는, 먼저 정엽을 공격하여 제거하였다.[238]

주류 동인이었던 학봉 김성일마저도 죽기 1년 전, 송강 정철에게 쓴 편지에서 국난을 극복하려 노력하는 '도체찰사 정철'의 면모를 바라볼 수 있다고 했을까. 물론 김성일은 기축옥사 기간에 임진왜란을 대비치 못하게 한 사건, "전쟁은 없다"고 발언한 주역으로, 또 송강 정철을 '건저문제'로 사지에 밀어 넣고, 사사건건 훼방을 놓거나 어깃장을 걸어온 주류 동인 한 사람으로 송강에게 미안한 감정을 드러낸 것으로 볼 수 있는 발언이다.

"성일은 머리를 조아리며 두 번 절하고 말씀을 올립니다. 국사가 이 지경에 이르렀으니, 어찌 차마 말할 수 있겠습니까. 죄를 진 소신은 외람되이 영남 지방을 책임 맡아 한 해가 지나도록 창을 베고 잤는데도 티끌만 한 공도 세우지 못하였으니, 은혜를 저버리고 나라를 등진 죄는 만 번 죽어도 갚기가 어렵습니다. 대감께서 남쪽 지방으로 오신다는 말을 듣고는 뛸 듯이 기쁜 마음을 참지 못하여, 곧바로 대감께 달려가 절하고 엎드려서 지휘하는 말씀을 듣고, 겸하여 저의 답답한 심정도 아뢰고 싶었습니다. 그러나 맡고 있는 지경이 한계가 있어 감히 함부로 관소(官所)를 떠날 수 없었습니다. 그러던 차에 대감께서 특별히 수찰(手札)을 내려 지극하게 장려하고 효유하셨습니다. 그러면서 또 호남과 영남은 서로 도와야만 하는 형세임을 염려하시어 환난을 구제하고 재해를 도와야 한다는 뜻으로 말씀하셨는 바, 한 도의 백성들만이 모두 와서 소생시켜 주는 희망을 품게 되었을 뿐만 아니라, 우리 동방이 나라를 회복하는 기틀도 실로 여기에 있을 것입니다. 이에 거듭거듭 받들어 읽으면서 저도 모르게 감격의 눈물을 흘렸습니다."[239]

전쟁으로 인해, 200만 명에 이르는 조선 백성이 살해당하고, 기근으로 죽고, 질병으로 죽고, 큰 피해를 받았다. 김성일의 회한에 찬 반성문으로 보인다.

끝나지 않은, 역사 왜곡

1589년 기축년 겨울에 벌어진 기축옥사(己丑獄事)는 조선 정치 풍토를 통째로 바꿔놓은 참혹한 사건이었다. 단순히 당쟁으로 벌어진 옥사만이 아니었다. 임진왜란 바로 직전에 벌어진 일이었다. 임진왜란을 불과 2년 반을 앞두고 어리석게도 자기의 당리당략에 눈이 먼 발언과 상대당 정치인들 몰아내는 데 혈안이 된다.

그런데 더 심각한 문제는 '여전히 억울한 기축옥사'가 진행 중이라는 것에 있다. 붕당정치의 틀 속에 갇혀 무고의 논리로 상대편을 죽이고 이를 합리화시켜온 정치 구조에서 여전히 벗어나지 못하고 있는 작금의 정치현실이 가슴 아프게 다가온다. 이를 바로잡지 못한 채 오히려 수백 년 동안 '서인 폄훼'와 '유성룡 우상화'에 매진한다. '동인=피해자', '서인=가해자'라는 이상한 고정관념을 만들어 놓은 것이다.

마치 기축옥사를 통해서 서인세력은 동인세력을 몰아내

고, 정권을 장악하게 됐다거나, 이 과정에서 너무나 많은 동인세력들이 서인에 의해 죽임을 당했다고 적고 있다. 또 이후 사건 뒤 동인이 몰락하고 서인이 득세하였다고 적고 있다.

우리안의 역사 왜곡이 이렇게 여전히 심한가?

그동안은 방대한 역사 자료를 종합적으로 살펴 볼 수 없어, 특정 사료에 기탁해 그렇게 쓸 수도 있겠다 싶다. 그렇지만 이제는 예전과 달리 방대한 조선왕조실록과 각종 기록을 손쉽게 조회 검색할 수 있게 됐기에 왜곡된 역사를 바로잡을 길이 트여 있는 것이다. 그만큼 많은 정보를 더 빠르게 접근하고, 또 분석할 수 있게 됐다. 그렇다면 그동안 써온 논문이나 글도 달라져야 하는 것은 마땅하다는 생각이다. 잘못 분석한 것이 있다면 세세히 검토해 수정하는 것이 옳다고 생각한다. 그래야 왜곡된 기존 사관에서 벗어날 수 있다. 〈전라도천년사〉에서라도 기존의 시각과 다른, 올바른 사관, 선하고 정의로운 전라도다운 시각으로 써야 하지 않을까?

따라서 이 글을 통해서 기축옥사를 바라보는 관점의 전환을 촉구하고 싶다. 기존 '동인=피해자', '서인=가해자'라는 고착화된 사고에 대한 비판은 물론이고, 기존 '정철은 악마다', '유성룡은 선하다'라는 생각의 편견에 대해서도 싸워야 한다는 것이다. 이를 위한 올바른 역사를 다시 써야 한다는 생각이다.
우선 기축옥사는 누가 주도했나? 또 기축옥사 기간 어떤 일이 벌어졌나? 우선 '서인 정철이 동인 1천명을 희생시켰다'고 규정해온 '기축옥사 2년6개월 동안 1천여 명의 희생자는 임금 선조와 주로 유성룡 등 주류 동인에 의해 자행된 일'이라고 해야 한다. 송강 정철이 권한을 행사한 기간이 '1개월' 밖에 안됐다. 게다가 적가문서를 쥔 임금 선조의 일방적 친국으로 진행 됐다. 주류 동인들은 임진왜란 직전 2년 반 동안 내내 권력을 행사하고 파당의 편에서 정쟁을 일삼았다. 상대 당을 물어뜯는 공세로 일관했다. 기축옥사 2년 6개월 중 2년 4개월을 주류 동인들이 주도했다.
이들로부터 큰 피해를 입은 측은 남명계 동인, 호남 동인 등 비주류 동인과 서인이었다. '동인'도 '다 같은 동인'이 아니었다. 몰론 기축옥사 발발 초기는 서인이 권력을 잡는 듯했다. 그러나 잠깐 한 달짜리 권력이었다. 그 뒤 주도권은 주류 동인이 잡는다. 어쩌면 기축옥사 발발 때부터 이미 권력을 잡은 이들 주류 동인은 서인을 밀어내고 역사의 한 가운데에 서, 서인은 물론 비주류 동인(호남 동인, 남명계 동인)에게 큰 상처를 주는 가해자가 된다.

특히 호남 동인인 이발의 노모와 어린자식을 주류 동인들이 죽이는 극단적인 상황에까지 이른다. 이발의 노모와 어린자식을 언제, 누가 죽였나?가 논란거리였다. 따라서 그동안 줄곧 이 사건은 기축옥사 사건 중 가장 논란이 되는 부분으로 취급되어 왔다. 이발의 노모와 어린자식이 죽었을 때 위관을 누가 맡았느냐?를 묻곤 했다. 이게 논란이 되는 이유는 노모와 어린 아들이 너무 가혹하게 형벌을 받다 사망했기 때문이다. 82세의 이발 노모와 어린 아들까지 엄형(刑)으로 죽임을 당했다. 이발의 노모와 어린 자식의 죽음은 송강 정철이 권한을 잃은 뒤 유성룡의 권력 아래 벌어진 일이다. 동인들은 '정철 위관론'을 퍼뜨렸지만, 이발의 노모와 아들들이 국문을 받다가 죽었을 시기는 선조 24년 5월의 일이었다. 이 때 정철은 파직 상태였다. 주류 동인들은 기축옥사 초기 위관을 맡았던 송강 정철마저도 몰아낸 것이다. 정철은 기축옥사 초반 1개월가량 정여립 난 관련자 색출을 주도하다가 그 역시 주류 동인에 의해 '기축옥사의 피해자'가 되고 만다. 유성룡에 의해 함정에 빠진 '건저문제(세자책봉)' 때문이다.

서인의 몰락은 동인의 부상이었다. 기축옥사 그 중심인물, 서애 유성룡이 우뚝 선다. 이 때 벌써 유성룡은 승승장구한다. 유성룡은 기축옥사 발발 2개월 만에 이조판서가 되고, 이듬해 5월 우의정으로 승진해 위관이 된다. 또 우의정과 이조판서를 겸직하고, 정철이 건저문제로 실각하게 만들고, 송강 정철의 자리였던 좌의정으로 승진한다. 정철을 내몰고, 그 좌의정 자리를 유성룡이 차지한 것이다. 이런 초고속 승진자는 기축옥사 기간 유성룡이 유일하다고 봐야 한다. 이는 사실상 임금 선조가 기축옥사 전반에 걸쳐 유성룡에 의지했다는 것을 증명해준 것이나 마찬가지다. 우의정 자리마저 이양원이 차지했으니, 3정승이 모두 동인계였다.

파직당한 정철을 5월에 진주로 유배 보내려다가, 선조가 아주 변방으로 옮기라고 명령하여 그해 7월 20일에 함경도 강계로 유배를 간다. 이처럼 주도권을 장악한 유성룡 등 퇴계 이황 계열의 경상좌도 동인은 기축옥사 기간 내내 승승장구한다.

호남 선비들은 이런 정치 상황을 매우 우려했던 것으로 보인다. 기축옥사 이전부터 기축옥사에 이르기까지 조헌의 상소와 정암수, 양산숙 등 호남유생들의 잇따른 상소는 특별한 메시지를 담고 있었다. 조헌 등은 "유성룡 같은 자는 평생 한 일이 모든 현인을 해치는 일만 힘쓰고서도 뉘우치거나 애처롭게 여겼다는 말을 듣지 못하였습니다. 이 어찌 전하께 다 전하겠습니까?"라고 말했다. 그들은 "당상관 이하 관료들은 유성룡 등에게 붙은 뒤에야 임금을 모시는 시종(侍從)이 될 수 있고, 무인이나 궁중 시종으로서 버림을 당한 자는 오직 이들의 눈에 들거나 붙은 뒤에야 외직에 승진될 수 있습니다"고도 호소했다.

그러나 이들의 간곡한 호소는 오히려 독이 되어 돌아왔다. 서인 선비들이 기축옥사 기간 내내 비판을 받거나, 쫓겨나거나, 귀양을 가거나 했다. 동인들에 의해 자행된 대대적인 서인 축출! 이게 심각한 것은 기축옥사가 임진왜란 직전에 벌어진 일이라는 데 있다. 임진왜란 발발 불과 2년 6개월 전 이 일이 지속적으로 자행된다. 기축옥사 발발이야 어쩔 수 없었다고 해도, 파당의 이익을 위해 상대 당을 짓밟는 역옥을 키운 측면은 비판 받아야 한다. 어리석게도 '당리당략'에 눈이 먼 특정 동인계 집권세력은 상대 당이나 정치적으로 위축된 정치인들을 몰아내는 데 혈안이 된다. 임진왜란이라는 전쟁 직전까지 그랬다. 상대 당 공세에 눈이 먼 것이다.

"곧 전쟁이 일어난다"는 서인계 정사 황윤길의 간곡한 호소에도 외면한 채 "전쟁은 없다"는 이 김성일의 '나쁜 보고'를 두둔한 게 유성룡이다. 거기에 그치지 않고 송강 정철을 '건저'라는 함정으로 내몰고, 이후 주류 동인들이 대대적인 서인들 축출작업에 나선다.
이는 임진왜란 직전 1년 전에 벌어진 일이었다. 전쟁을 1년 앞두고도 정신을 차리지 못했던 것이다. 상대 당을 몰아내는 데 혈안이 돼 '서인'더러 "개돼지"라는 발언도 동원된다.
그 결과는 참담했다. 우리 역사상 가장 참혹했던 전쟁, 임진왜란을 아무 대책 없이 맞게 된다. 유래를 찾기 어려운, 조선 민중 200만 명가량이 이 전쟁으로 죽거나 사라진다. 그 책임은 그 어떤 공(公)으로도 덮기는 어려운 일이다.

본 글을 통해서 그동안 기축옥사를 분석해온 여러 연구에서도 심각한 몇 가지를 간과해왔다는 데에 심히 놀랐다.
첫째, 이 사건이 지닌 의미나 영향력이 지대함에도 사실의 규명보다 이미지만으로 덧씌워진 채로 정형화되어온 측면이 있다. 예컨대 사건 발발 원인이나 내용 등 그로 인한 폐해보다 '송강 정철에 대한 악인 이미지'를 덧씌운 것이 그것이다.
둘째, 정치적으로는 권력 투쟁의 비정함과 참혹함이다, 특히 붕당정치의 폐해, 정치 술수에만 능한 임금 선조의 교활함, 이로 인한 영남권의 권력 장악과 상대적으로 호남권에 대한 비하 등 조선시대 정치지형도의 틀이 정립되는 사건이다. 그리고 이러한 결과가 호남 지식인들의 의식세계를 암암리에 지배하고 있다는 현재적인 시각의 한 근원이 되지 않았을까 한다.

셋째, 임진왜란의 직전에 발생한 큰 사건이라는 것이다. 기축옥사는 임진왜란 직전 2년 6개월 전에 발생한 큰 사건이라는 것을 간과해왔다. 전란 기간이라는 국가 명운이 달린 풍전등화인 상황이었다. 임진왜란 직전 1년 내내 자행되어온 주류 동인들의 집단 폭거와 권력 투쟁의 비정함과 참혹함은 이루 말할 수 없었다. "장차 있을 전쟁을 대비하자"는 서인의 '애국(愛國)' 대 "전쟁은 없다"며 권력을 쟁취하기 위해 혈안이 된 주류 동인의 '매국(賣國)'의 구도로도 볼 수 있는 측면이다. 크게 보면 동인은 조정 내 권력을 잡기 위해 "전쟁 대비를 방기"한 측면이 있지만, 서인은 "전쟁을 준비해야 함"을 역설하고, 또 이들 대부분의 선비들이 전쟁이 일어나자 '의병'으로 출장한다.

임진왜란 당시 '의병'으로 출장한 고경명, 양산숙, 정암수, 양산룡, 김여물, 그리고 윤방, 신흠, 이경함, 신경진, 이시언, 박동열, 박동선, 조수익, 이시발 등 수많은 서인들은 기축옥사 기간 주류 동인들에 의해 탄핵받고, 체직되고, 귀양을 가는 등 탄압을 받았던 인물들이다.

결론적으로, 본 글을 통해 '서인, 기축옥사 일방적 주도론'에 대해서 심하게 흠결이 있다는 것을 알게 됐다. 특히 기축옥사 기간 오히려 서인들의 피해가 비주류 동인과 함께 심각했음을 확연하게 알게 됐다. 또 당시 정권을 장악한 유성룡 등 주류 동인 집권세력이 조직적으로 거짓을 알리고, 비주류 동인을 탄압하고, 또 서인 타도에 매진했음도 확연히 들여다 볼 수 있었다.

그러나 그 뒤에도 기축옥사에 관련된 인식은 크게 변하지 않았다. 주류 동인들이 역사를 주도해 '서인=가해자', '동인=피해자'라는 세뇌를 강조해온 것은 아닌가 한다.

그렇다면 이런 질문 하나 해보겠다. 여러분 혹 '기축옥사와 임진왜란'을 연결지어 분석한 논문을 본적이 있는가? 거의 없다고 봐야 한다.

기축옥사와 임진왜란은 거의 딴 나라 이야기쯤으로 보고 있는 경향이 많다.

아픈 기축옥사와 임진왜란과의 연결고리를 철저히 차단해온 것은 아닌지 살펴봐야 한다.

'유성룡=임진왜란 영웅', '유성룡의 징비의 삶, 임진왜란을 이기다' 같은 이런 구호가 얼마나 해괴하고 우스꽝스러운 이야기인가를 우리가 알아야 한다.

반면 임진왜란 발발 1년 전, 중앙요직에 근무하고 있던 거의 모든 서인 선비들이 거의 모두 옷을 벗고, 고향으로 돌아가거나, 귀양을 가야 했던 아픈 역사가 있다. 그 주도자가 유성룡 등 주류 동인이다. 우리들마저 이런 우리들의 아픈 역사를 외면해온 것은 아닌지? 우리가 우리의 역사를 한번 돌아 봐야 한다고 말하고 싶다.

이처럼 오랫동안 교활하게 사실을 속이고, 역사를 왜곡하는 무리가 적반하장의 주장을 펼치며 살아간다고 하더라도, 어느 시대에나 진실에 눈을 감지 않은 이가 있어왔다.

기축옥사를 다시 규정해 볼 수 있겠다 싶다.

"임금 선조와 주류 동인이 주도해, 임진왜란 직전 기축옥사 기간 2년 6개월 동안, 비주류 동인(호남계-남명계)과 서인 등 1천여 명을 희생(죽이거나, 귀양을 보내고, 체직을)시켰다."

이번 이 논거를 시작으로 해서 '사실을 깨우치려는 의식의 공감대'가 계속 이어지고, 또 이 진실의 물길이 큰 흐름이 될 날을 기대해본다. 이게 기축옥사를 관통하고, 올바른 우리 역사에 부합하는 기축옥사의 진실이다.

기축옥사 등 관련 인물들

기축옥사 등 관련 인물들

강견(姜涀, ?-1591); 양천경 · 양천회 · 김극관 · 김극인 등과 같이 잡혀 '최영경을 무고'했다며 장형을 받고 유배되어 가다가 장형 후유증으로 죽었다. 그의 죽음은 "정철을 알았다"는 죄였다. 정철을 함정으로 몰고, 영의정 이산해 · 좌의정 유성룡 등이 권력을 잡은 1591년, 이들 동인은 모진 고문을 통해 자백을 강요했다. 결국 '최영경을 무고한 것은 송강 정철이 꾸민 일'로 만들었고, 죽음으로 내몬다. 기축옥사 기간에, 임진왜란 1년 전에 벌어진 일이었다. 동인들이 건저의(建儲議) 사건으로 서인 정철을 죽이기 위해 모든 권력을 동원해 벌였던 아픈 희생사건이다.

강해(姜海, 1554-1591): 수은 강항(姜沆)의 형이다. 1591년 송강 정철을 건저의 사건으로 사지에 몬 동인들이 진사 강해, 생원 양천회 등을 죽인다. 당시 권력을 장악한 동인들은 송강 정철과 가까운 인사들은 모두 귀양을 보내거나 죽였다. 1589

년 10월 28일 양천회 등의 상소를 '송강 정철이 사주한 일'로 몰아가는 강압 수사 끝에 이들을 죽인다. 그러나 양천회의 상소에는 수우당 최영경의 이름은 거론 되지 않았다. 오히려 "농촌의 현실과, 농민들의 처한 핍박한 삶"을 알리고 "임금은 조정의 귀를 막는 측근 정치를 멀리하고, 백성을 위한 정치"를 해 달라는 요청이 담겨 있었다.

고경명(高敬命 1533)~1592): 1591년에 동래 부사가 되었으나 곧 서인이 실각하자 파직되어 고향에 돌아왔다.

김공량(金公諒) : 1591년(선조24)에 좌의정 정철이 세자를 책봉할 것을 주장하자, 영의정 이산해와 함께 정철의 주장이 인빈 김씨의 소생인 신성군을 해치려는 것이라고 무고하였다. 이것을 들은 선조는 크게 노하여 정철을 강계로 유배시켰다. 이와 관련하여 호조 판서 윤두수, 좌찬성 윤근수 등 서인의 영수가 물러남으로써 동인이 크게 세력을 떨치게 되었다. 임진왜란이 일어나자 선조가 개성에 이르렀을 때 백성들이 그의 실정을 들어 죄줄 것을 청하자 강원도 산골짜기로 숨었다.

김권(金權 1549~1622): 헌납으로 재임 중에 이이를 비난하는 정여립을 논박하다가 파직당하였다. 1590년에 지평으로 복직되었으나 1591년 정철 등이 축출당할 때 다시 파면당하였다.

김성일(金誠一, 1538~1593): 1590년에 통신 부사(副使)로 일본에 파견되었는데, 이듬해 돌아와 일본의 국정을 복명할 때 "왜가 반드시 침입할 것"이라는 정사 황윤길과는 달리 "왜가 군사를 일으킬 기색은 보이지 않는다."라고 상반된 견해를 밝혔다. 1592년에 경상우도 병마절도사로 재직 중 임진왜란이 일어나자, 전일의 복명에 대한 책임으로 파직, 서울로 소환 중, 허물을 씻고 공을 세울 수 있는 기회를 줄 것을 간청하는 유성룡 등의 변호로 직산(稷山)에서 경상우도 초유사로 임명되었다.

김우옹(金宇顒, 1540~1603): 1589년에 기축옥사가 일어나자 정여립과 조식의 문하에서 함께 수학하였다는 이유로 회령(會寧)에 유배되었다. 유성룡、김성일 등과 가까워 정치적으로도 이들과 입장을 같이하는 동인으로서, 서인 정철의 파직을 주장하기도 하였다.

노수신(盧守愼, 1515~1590): 1589년 10월에 정여립의 모반사건으로 기축옥사가 일어나자 과거에 정여립을 천거했던 관계로 대간의 탄핵을 받고 파직되었다.

민선(閔善, 1539~1608): 기축옥사가 일어나자 최영경의 처벌을 주장하다가 반대파의 탄핵을 받고 수안 군수(遂安郡守)로 좌천되었다.

박근원(朴謹元, 1525~1585): 동서분당으로 한창 논쟁이 심할 때 동인의 중진으로 송응개 、허봉 등과 함께 병조 판서 이이를 탄핵하다가 강계(江界)로 유배되었다. 그 뒤 1585년에 영의정 노수신의 상소로 풀려났다.

박동현(朴東賢, 1544~1594): 1591년에 일본에 사신으로 갔던 황윤길 、김성일 등이 일본의 국서(國書)를 가지고 왔을 때, 이 사실을 중국에 알려야 한다고 주장하여 관철시켰다.

박순(朴淳, 1523~1589): 이이가 탄핵되었을 때 그를 옹호하다가 도리어 양사의 탄핵을 받고 스스로 관직에서 물러나 영평 백운산에 암자를 짓고 은거하였다.

박점(朴漸, 1532~?): 1591년에 당쟁에 휘말려 서인이 몰락할 때 관직을 삭탈당하여 벼슬길에 더 이상 나가지 않았다.

백유양(白惟讓, 1530~1589): 1589년에 정여립의 모반 사건이 일어나자 아들 수민(壽民)이 정여립의 형 여흥(汝興)의 딸을 아내로 삼았던 탓으로 연좌되어 사형당하자 사직하였고, 이어 부령(富寧)에 유배, 장살(杖殺)되었다.

백유함(白惟咸, 1546~1618): 이이가 죽자 그도 당쟁을 피하여 벼슬을 버리고 용인의 백운암에 들어가 교학(教學)에 힘쓰기도 하였다. 1591년에 왕세자 책봉 문제에 대해 서인인 정철의 주장에 동조하다가, 정철이 물러나자 경성(鏡城)으로 유배되었다가 다시 경흥으로 옮겨졌다. 1592년에 임진왜란이 일어나자, 유배가 풀려 의주로 왕을 호종하였다.

백인걸(白仁傑, 1497~1579): 1579년에 지중추부사로 있으면서 이이와 함께 다시 동서분당의 폐단을 논하고 진정시킬 것을 주장하였으나, 서인을 편든다는 공격을 받았다.

성혼(成渾, 1535~1598): 이이가 죽자 동인들이 득세하여 그를 공격하였으므로 자핵상소(自劾上疏)를 하였고, 1587년에는 자지문(自誌文)을 지어 두기까지 하였다. 1589년에 기축옥사로 서인이 집권하면서 이조 판서에 복귀하였는데, 동인의 최영경이 원통하게 죽자 동인의 화살이 그에게 집중되었다.

송상현(宋象賢, 1551~1592): 1591년에 동래 부사가 되었다.

송응개(宋應漑, ?~1588): .동서의 분당 이후 동인의 중진으로서 활약하였다. 이때 헌납 유영경, 정언 정숙남, 도승지 박근원, 전적 허봉과 함께 이이를 탄핵하다가 장흥 부사로 좌천되고, 다시 회령에 유배되었다. 강계、갑산에 귀양 간 박근원、허봉과 아울러 세상에서 이들을 계미삼찬(癸未三竄)이라 하였다.

송익필(宋翼弼, 1534~1599): 동인들로부터 1589년 기축옥사의 막후 조종 인물로 지목되기도 하였다. 뒤에 또 조헌의 과격한 상소에 관련된 혐의로 이산해의 미움을 받아 유배되었다. 그러나 그는 기축옥사 발발 두 달만에 추포령이 내려 그 어떠한 영향력도 미치지 못했다.

신잡(申磼, 1541년~1609년): 1589년 정암수 등 호남유생들이 올린 이산해, 유성룡, 정언신, 정인홍 등을 지척하는 상소에 정암수 등 10여 명을 압송해 국문을 하는 사건에 대해서 유생들을 두둔하였다가 주류 동인들로부터 탄핵을 당한다. 당시

사헌부에는 대사헌 최황, 집의 성영, 장령 심희수 · 윤섬, 지평 신잡 · 우준민이, 사간원에는 대사간 이증, 사간 오억령, 헌납 백유함 · 유대진, 정언 강찬과 이흡 등이 있었다. 임진왜란이 일어나고, 광해군의 책봉을 강력하게 밀어붙이고, 개성으로 옮긴 뒤 영의정으로 승진한 유성룡을 탄핵해, 파직시킨다. 이를 계기로 양사로부터 탄핵 받기도 했다.

신흠(申欽, 1566~1628): 1583년에 당시의 정권을 장악한 동인으로부터 이이의 당여라는 배척을 받았다.

심수경(沈守慶, 1516~1599): 1590년(선조23)에 우의정에 올랐다.

심의겸(沈義謙, 1535~1587): 1584년에 이이가 죽자 이발、백유양 등이 일을 꾸며 동인과 합세하여 공박함으로써 파직당하였다.

심충겸(沈忠謙, 1545~1594): 1575년에 이조 정랑에 천거되었으나 김효원의 반대로 등용되지 못하였다. 이로 인하여 동서당쟁이 더욱 심하여졌다.

심희수(沈喜壽, 1548~1622): 1589년에 헌납으로 있을 때 정여립(鄭汝立)의 옥사가 확대되는 것을 막으려다 조정과 뜻이 맞지 않아 한때 사임하였다.

양산숙(梁山璹, 1561~1593): 1589년 12월에 조헌을 풀어주도록 하는 상소를 했다. 또 매형인 김광운 등과 함께 당시 집정자들을 비판하는 소를 올렸다.

양산룡(梁山龍, 1552~1597): 1587년에 상소를 올려 손죽도 왜변 당시 이대원 장군을 구원하지 않았다며 동인의 거두 심대의 형 심암(沈巖)에게 죄를 물었으며, 1589년에는 진사 정암수 등과 함께 이산해, 정언신, 정인홍, 유성룡 등을 멀리할 것을 상소하였다가 추국(推鞫)직전까지 갔다.

양천회(梁千會, 1563-1591)1589년 10월 28일 태학생 신분이었던 생원 양천회가 정여립의 옥사와 관련 조헌의 방면과 임금이 군덕(君德)을 힘쓰고 충현(忠賢)을 가까이하라는 상소를 올렸다. 그의 상소에는 "조헌이 여러 차례 소장을 올려 임금 측근들(유성룡 등)을 논박하였는데 비록 그 말이 우직하고 과도한 면이 있어도 그 본심을 따져 보면 임금께 충성하고 나라 사랑에서 나온 것"이라고 주장했다. 그러나 이 발언 때문에 그는 동인들에게 공격받게 된다. 양천회 등을 심하게 국문해 그가 쓴 상소를 정철의 사주로 몰아 결국 죽음에 이르게 한다. 주류 동인이 서인을 죽인 대표적인 사건이다.

유공진(柳拱辰, 1547~1604): 1591년에 이조 정랑으로 있던 중 정철이 세자 책봉 문제로 귀양 가자, 같은 당파라 하여 경원에 유배되었다.

유성룡(柳成龍, 1542~1607): 1588년에 양관대제학에 올랐다. 기축옥사 기간에 가장 영향력 있는 인물로 떠오른다. 기축옥사 기간 승승장구하고, 임금의 총애로 모든 권력이 그에게 집중됐다. 정여립 모반사건 발발 두달만인 1589년 12월에 인사권을 쥔 이조판서(겸 대제학)에 오르고, 이어 1590년 3월에 우의정으로 승진했다. 1591년 1월에는 이조판서와 우의정을 겸직하고, 그해 2월 좌의정에 승진한다. 건저의 문제로 서인 정철을 실각시킨 뒤, 그의 정치적 위상은 더 뚜렷해진다. 당시 좌의정에 이조판서에 대제학을 겸했다. 권력이 그 한사람에게 집중된 것이다. 이 때 정철 처벌에도 관여한다. 이발의 노모와 어린 자식이 죽은 것도 이 때 이다. 유성룡의 손에 의해 죽임을 당했다고 봐야 한다. 임진왜란이 일어나자 유성룡의 책임이 불거진다. 김성일의 거짓 보고 뒤에 그가 있었기 때문이다.

그러나 임금 선조는 이산해만을 탄핵한 대신 유성룡을 영의정에 앉힌다. 이에 백성들과 조정의 대신들이 나서 "유성룡도 이산해와 마찬가지로 나라를 그르쳤다"며 탄핵한다. 반나절 짜리 영의정에서 면직된 유성룡은 이후 다시 영의정에 오른다. 그로부터 5년 가량 영의정 자리에서 동인 정권을 공고히 한다. 이 기간 전쟁 중이었음에도 불구하고 죽은 송강 정철에 대한 동인들의 집단적인 탄핵이 매일 이어졌고, 순국한 창의 의병장 김천일에게 "시정 무뢰배를 데리로 출장해, 싸움인들 제대로 했겠느냐"는 비아냥의 막말을 쏟아냈다.

유영경(柳永慶, 1550~1608): 당론이 일어날 때에는 유성룡과 함께 동인에 속하여 있었는데, 동인이 다시 남인 · 북인으로 갈라지자 이발과 함께 북인에 가담하였다.

유홍(兪泓, 1524~1594): 1589년에 좌찬성으로서 판의금부사를 겸하여 정여립의 역옥을 다스렸다.

윤근수(尹根壽, 1537~1616): 1591년에 우찬성이 되었다. 이때 정철이 건저 문제로 화를 입자, 그가 정철에게 당부하였다는 대간의 탄핵으로 형 윤두수와 함께 삭탈관직 되었다.

윤두수(尹斗壽, 1533~1601): 1591년 5월 석강에서 도요토미 히데요시의 답서를 명나라에 갖추어 아뢰어 그 진상을 보고할 것인가의 여부에 대하여, 병조 판서 황정욱과 함께 보고할 것을 주장하다가 양사의 합계로 정철과 한편이 되었다 하여 파면되고, 건저문제로 정철이 화를 당할 때 같은 서인으로 연루되어 회령에 유배되었다.

윤방(尹昉, 1563~1640): 1591년에 당쟁으로 아버지 윤두수가 유배당하자 병을 핑계로 사직하였다.

윤현(尹晛, 1536~1597): 동인 김성일과 함께 전랑이 되었으나 서로 사이가 좋지 않았다. 진도 군수 이수로부터 뇌물을 받은 혐의로 김성일에게 논핵을 받은 적이 있으나, 오히려 김성일이 공정하지 못하다는 일부의 의론이 있었다.

이발(李潑, 1544~1589): 이조 전랑으로 있을 때에는 같은 파의 인물을 등용함으로써 사람들로부터 원망을 샀으며, 동인의 거두로서 정철의 처벌 문제에 강경파를 영도하여 북인의 수령이 되었다. 이로 인하여 이이 · 성혼 등과도 교분이 점점 멀어져 서인의 미움을 받았다. 1589년에 동인 정여립의 모반 사건이 일어남을 계기로 서인들이 집권하게 되자, 관직을 사퇴하고 교외에서 대죄(待罪)하던 중 잡혀 두 차례 모진 고문을 받고 장살(杖殺)되었다.

이발 노모 윤씨(尹氏)): 이발의 어머니 윤씨와 그의 아들들을 고문으로 죽였다. 윤씨는 82세였고 이발의 아들 이명철(李命哲)은 10세였다. 이들이 국문을 받다가 죽었을 시기는 1591년 선조 24년 5월의 일이었다. 그해 추국의 위관은 유성룡이었다. 정철은 앞서 이 해 윤3월에 이미 파직된 상태였다. 건저 문제 때문이었다. 파직 당한 정철은 5월에 진주로 유배되려다가, 선조가 아주 변방으로 옮기라고 명령하여 강계로 유배를 간다.

이산해(李山海, 1539~1609): 1578년에 대사간이 되어 서인 윤두수、윤근수、윤현 등을 탄핵하여 파직시켰다. 1588년에 우의정에 올랐다. 다음 해에 좌의정에 이어 영의정이 되었다. 이듬해 정철이 건저 문제를 일으키자 정철을 탄핵하게 하여 강계로 유배시키는 한편, 이와 관련하여 호조 판서 윤두수, 우찬성 윤근수 등 서인의 영수급을 파직하거나 귀양 보내고 동인의 집권을 확고히 하였다.

이상길(李尙吉, 1556~1637): 1602년에 앞서 정언으로 있을

때 정인홍、최영경 등을 정여립의 일당으로 몰아 추론한 죄로, 성혼 등과 함께 6년간 황해도 풍천에서 귀양살이를 하였다. 1608년에 유배에서 풀려나왔으나, 정인홍 등이 정권을 잡자 다시 규탄을 받아 동문 밖 노원에 나가 거처하였다.

이성중(李誠中, 1539~1593): 1591년 8월에 당쟁의 소용돌이 속에 파직되었다.

이양원(李陽元, 1526~1592): 1591년 우의정에 승진하였다.

이요(李瑤): 세종대왕의 아들인 담양군(潭陽君)의 증손으로 종실(宗室) 경안령(慶安令)이다.
경안령 이요는 기축옥사 발발 6년 전인 1583년 4월 17일에 임금 선조를 만나 당시 붕당의 폐해가 심하고 이를 조장하는 동인 괴수 유성룡 등의 처분을 요구했다. 그는 조정이 안정되지 못한 것과 동·서로 당이 나뉘어진 것과 유성룡·이발·김효원·김응남 등이 동인의 괴수로서 제멋대로 권력을 행사한 흔적이 많다는 것을 간곡히 말하여 이를 억제시킬 것을 요청했다.

이이(李珥, 1536~1584): 1575년부터는 동서의 분당으로 인하여 사림은 분열되고 정쟁에 휘말리게 되자, 이의 조정을 위하여 노력하였다. 그러나 이로인해 그는 오히려 공격받았다. 파당을 만든 동인들에게 집중적으로 공격 받았고, 결국 그는 서인 입장에 선다. 그는 면천법 등을 추진해 여러 가지 폐정을 개혁하고, 자주국방을 위하는 정책 추진과 민생을 안정시키려 노력했다.

이항복(李恒福, 1556~1618): 1589년에 예조 정랑 때 발생한 역모 사건에 문사낭청(問事郞廳)으로 친국에 참여해 선조의 두터운 신임을 받았다. 신료 사이에 비난이나 분쟁이 있을 때 삼사에 출입해 이를 중재하고 시비를 공평히 판단, 무마해 덕을 입은 사람도 많았다. 파당을 조성하는 대사간 이발을 공박하다가 비난을 받고 세 차례나 사직하려 했으나 선조가 허락하지 않고 특명으로 옥당에 머물게 한 적도 있었다. 1591년에 정철의 논죄가 있자 사람들이 자신에게 화가 미칠 것이 두려워 정철을 찾는 사람이 없었다. 그러나 그는 좌승지의 신분으로 날마다 찾아가 담화를 계속하였다가 파직되었으나 곧 도승지에 발탁되었다.

이해수(李海壽, 1536~1599): 여주 목사로 있던 중 정철이 건저 문제로 유배되자 그도 연루되어 종성으로 유배되었다.

이효원(李效元, 1549~1629): 선조 말년에 북인이 대북、소북으로 나뉘어 정권 쟁탈이 치열할 때 그는 영상 유영경의 소북파에 가담하였다.

이흡(李洽, 1549~1608): 세자 책봉 문제로 서인의 영수인 정철이 실각하자 그를 포함하여 기축옥사 때 양사에 있었던 관리들은 모두 파직되었다. 1602년에 최영경의 옥사 사건이 다시 거론되면서 당시 양사의 관리였던 사람들은 모두 관직을 삭탈당함에 따라 그도 관직을 삭탈당하고 옥구에 귀양을 가서 6년 만인 1607년에 풀렸으나 다음 해 죽었다.

인빈(仁嬪) 김씨(1555~1613): 14세 때 선조의 후궁으로 들어가 왕의 총애를 받았다. 정원군(定遠君)을 포함, 4남 5녀를 두었는데, 광해군을 세자로 책봉하려는 정철과 대립하여 선조에게 참소해 정철 등 서인 세력이 조정에서 축출되게 하였다.

장운익(張雲翼, 1561~1599): 1591년에 양양 부사로 재직 중 정철의 일당이라 하여 온성으로 귀양 갔다.

정개청(鄭介淸, 1529~1590): 1589년에 정여립의 모역 사건

때 이의 처리 과정상 연루자의 색출이 지방 사류에게까지 확대되는 와중에서, 1590년 5월 정여립과 동모했다는 죄목으로 체포되어 평안도 위원으로 유배되었다가 다시 같은 해 6월 함경도 경원 아산보로 이배되고, 7월 그곳에서 죽었다.

정암수(丁巖壽, 1534~1594): 정여립의 기축옥사가 일어나자, 1589년 12월에 박천정 · 박대붕 · 임윤성 · 김승서 · 양산룡 · 이경남 · 김응회 · 유사경 · 유영 등과 연명하여 이산해 · 정언신 · 정인홍 · 유성룡 등은 나라를 병들게 하는 간인(姦人)이며 역당이므로 멀리할 것을 청하는 상소를 왕에게 올렸다. 상소를 본 선조는 연명한 사람 모두를 잡아들일 수 없으니 정암수를 포함하여 주도자 10명만을 추국하도록 명하였다. 그러나 사헌부와 사간원이 뜻을 모으고 태학생(太學生)들도 이들을 탄원하는 상소를 올려 구원 받았다.

정여립(鄭汝立, 1546~1589): 본래 서인이었으나 수찬이 된 뒤 오히려 당시 집권 세력인 동인 편에 붙좇아 이이를 배반하고 박순、성혼을 비판하였다. 왕이 이를 불쾌하게 여기자 벼슬을 버리고 고향으로 돌아갔다. 1589년에 이들이 포함되는 동정이 퍼져 기밀이 누설되어 관련자들이 차례로 잡혔다.

정종명(鄭宗溟, 1565~1626): 1594년에 전년에 동인의 모함으로 강화에 퇴거하였다가 죽은 아버지의 죄를 추론하면서 관작을 추탈하자 이를 항변하다가 삭출되었다. 1623년 5월에 장악원 정으로 재직할 때에 동생 정홍명과 함께 아버지가 죄를 입게 된 것은 1589년에 정여립 옥사를 다스리면서 동인을 배척하였기 때문이니 관작을 복구하여 달라고 간청하여 아버지의 관작을 복구시켰다.

정철(鄭澈, 1536~1593): 정철은 동인들의 집중적인 공세를 받았다. 1578년 진도 군수 이수의 뇌물 사건을 놓고 정철이 윤두수를 두둔했다가 반대파인 동인의 탄핵을 받았다. 1584년 대사헌이 되었으나 동인들의 율곡 이이에 대한 공세에 맞서다가 또 탄핵을 받아 다음 해에 사직, 고향인 창평으로 돌아가 4년간 은거 생활을 하였다.
1589년 정여립의 모반 사건이 일어나자 우의정으로 발탁되어 서인의 영수가 되고 이어 다음 해 좌의정에 올랐다. 56세 때 왕세자 책봉 문제인 건저 문제가 일어나 동인파의 거두인 영의정 이산해와 함께 광해군의 책봉을 건의하기로 하였다가 이산해와 유성룡의 계략에 빠져 혼자 광해군의 책봉을 건의하였다. 이에 신성군을 책봉하려던 왕의 노여움을 사서 "대신으로서 주색에 빠졌으니 나랏일을 그르칠 수밖에 없다."라는 논척을 받고 파직, 명천에 유배되었다가 진주와 강계로 이배되었다.

조기서(曺麒瑞, 1556~1591) 1582년 식년시 생원시험에서 장원이 된 조익(趙翊)에 이어 1등으로 급제했다. 한양에서 출생한 그였지만, 기축옥사가 일어나 호남의 선비들이 연루되자, 태학생 신분으로 소를 올려 송강 정철 등의 억울함을 말하여 반대파인 동인들의 미움을 샀다. 의금부도사에 제수되었으나 동인들의 공세가 커져 처벌 받을 처지에 놓이기도 했다. 다행히 이항복의 도움으로 연고가 없던 영암의 서호(西湖)로 낙향해 벼슬과는 거리를 뒀다.

최영경(崔永慶, 1529~1590): 1590년에 정여립 역옥 사건이 일어나자 그는 유령의 인물 삼봉(三峯)으로 무고되어 옥사하였다.

허봉(1551~1588): 동서 분당이 되었을 적에 김효원 등과 동인의 선봉이 되어 서인들과 대립하였다. 1584년에 병조 판서 이이의 직무상 과실을 들어 탄핵하였다가 종성에 유배되었고, 이듬해 풀려났으나 정치에 뜻을 버리고 방랑 생활을 하다 38세의 나이로 금강산에서 죽었다.

홍성민(洪聖民, 1536~1594): 1591년에 건저 문제로 정철이 실각하자, 그 일당으로 몰려 북변인 부령으로 유배되었다가 1592년에 임진왜란이 일어나자 특사로 풀려났다.

홍종록(洪宗祿, 1546~1593): 1589년에 정여립의 모반 사건 때 여립의 조카 집(緝)의 문초에서 그의 이름도 거론되어 국문을 받고 구성으로 귀양 갔다.

황신(黃愼, 1562~1617): 1589년 정언이 되어 정여립을 김제 군수로 임명한 이산해를 추론(追論)하고, 또 정여립의 옥사에 대하여 직언하지 않는 대신을 논박하다가 이듬해 고산 현감으로 좌천되었다. 1591년에 건저 문제가 일어나자 정철의 일파로 몰려 파직 당하였다.

황윤길(黃允吉, 1536~?): 1590년에 통신 정사(正使)로 선임되어 부사 김성일, 서장관 허성과 함께 수행원 등 200여 명을 거느리고 대마도를 거쳐 대판으로 가서 도요토미 히데요시 등을 만나 보고 이듬해 봄에 환국한다. 서인인 그가 일본의 침략을 예측하고 대비책을 강구하였으나, 동인 김성일이 도요토미 히데요시의 인물됨이 보잘것없고 군사 준비하는 것을 보지 못하였다고 엇갈린 주장을 하여 일본 방비책에 통일을 가져오지 못하였다. 또한 일본에서 돌아올 때 대마도에서 조총(鳥銃) 두 자루를 얻어 돌아와 바쳤지만, 조정에서 그것을 실용화할 계획을 하기도 전에 임진왜란이 일어났다.

황정욱(黃廷彧, 1532~1607): 1589년에 정여립의 모반에 연좌되어 파직되었다가 곧 복직되었다.

황혁(黃赫, 1551~1612): 1591년에 정철이 건저 문제로 위리안치될 때 그 일당으로 몰려 삭직되었다.

참고 자료

1) 『한국민족문화대백과사전』, 「기축옥사 (己丑獄事)」, 김동수 기록

2) 이건창, 〈당의통략〉 宣祖朝 一附 光海朝

3) 이동희, 「전라도 천년사」, 제3편 정여립사건과 전라도 p239

4) 장필수, 「광주일보」, 송강과 담양, 2022년 7월 13일자

5) 최혁, 「남도일보」,,전라도역사이야기-47.송강 정철과 기축옥사, 2018년 6월 24일자

6) 이덕일, 「시사저널」, 이덕일의 칼날 위의 歷史 20. 쿠데타로 집권한 서인, 살육 정치로 국난 불러, 2015.1.8

7) 전남일보, 「기축옥사 진실은 반론… 재반론…」 2015년 5월 7일자

8) 「수정선조실록」, 선조 23년(1590) 8월 1일 광국 공신과 평난 공신에게 녹권을 발사하고 대사령을 내리다

9) 「선조실록」, 선조 22년 기축(1589) 10월 28일

10) 민인백 「태천집」, 토역일기 1590년 정월 1일

11) 박종인 「조선일보」, [박종인의 땅의 歷史] 선비 1000명 학살범은 정철이 아니라 국왕 선조였다

12) 이긍익 「'연려실기술」,14권 '선조조 고사본말-기축년 정여립의 옥사

13) 민인백 「태천집」, 토역일기 1590년 정월 1일

14) 「조선왕조실록」, 선조 22년 기축(1589) 12월 8일

15) 위와 같음

16) 「조선왕조실록」, 선조 22년 기축(1589) 12월 9일

17) 「조선왕조실록」, 선조 22년 기축(1589) 12월 14일

18) 위와 같음

19) 위와 같음

20) 위와 같음

21) 「아계유고(鵝溪遺稿)」 아계 이상국 연보

22) 위와 같음

23) 위와 같음

24) 위와 같음

25) 위와 같음

26) 「조선왕조실록」, 선조 22년 기축(1589) 12월 15일

27) 「수정선조실록」, 선조23년 경인(1590) 3월 1일, 유성룡을 우의정으로 삼다

28) 「수정선조실록」, 선조 24년(1591) 7월 1일 정철의 모함으로 배척받은 사람을 모두 발탁해 서용하라는 전교를 내리다

29) 「수정선조실록」, 선조 22년(1589) 4월 1일 백성을 구제할 것과 김귀영 등 조정 대신을 탄핵한 전 교수 조헌의 상소문

30) 위와 같음

31) 「선조실록」, 선조 22년(1589) 10월 28일 생원 양천회가 정여립의 옥사, 한재, 조세의 과중, 조정의 탐풍, 강상의 붕괴 등을 상소하다

32) 위와 같음

33) 위와 같음

34) 위와 같음

35) 「선조실록」, 선조 16년(1583) 4월 17일 경안령 이요가 조정이 동 · 서로 갈리었다며, 유성룡 등을 동변 괴수로 지목하다

36) 위와 같음

37) 「수정선조실록」, 선조 16년(1583) 4월 1일 당파를 초월한 인재 등용과 폐정의 혁신을 진달한 병조 판서 이이의 상소문

38) 「선조실록」, 선조 16년(1583) 4월 14일 이이가 시폐를 들어 상소하자, 공안 · 주군 합병 · 서얼

허통 등에 대한 전교

39) 「선조실록」, 선조 16년(1583) 7월 19일 양사가 영상 박순 · 심의겸 · 이이 · 성혼을 비판하는 차자를 올리다

40) 「선조실록」, 선조 16년(1583) 9월 11일 간원이 양사가 이이를 비판한 본의를 말하고 정철의 파직을 청하다

41) 「수정선조실록」, 선조16년(1583) 4월 1일 당파를 초월한 인재 등용과 폐정의 혁신을 진달한 병조 판서 이이의 상소문

42) 「선조실록」, 선조 16년(1583) 4월 26일 홍문관이 양사가 서얼 허통 · 공사천 종량 · 납속 사면에 대해 입을 다물고 있다고 비판하다

43) 「선조실록」, 선조 16년(1583) 5월 1일 양사가 서얼 허통, 공사천의 종량, 납속 사면 등을 시행하지 말 것을 아뢰다

44) 「수정선조실록」, 선조 19년(1586) 10월 1일 주학 제독관으로 제수된 조헌이 붕당의 시비와 학정의 폐단을 논한 상소문

45) 「선조실록」, 선조 19년(1586) 10월 20일 공주 교수 조헌이 이이 · 성혼의 학술의 바름과 충성심을 진술하다

46) 「수정선조실록」, 선조 19년(1586) 10월 1일 주학 제독관으로 제수된 조헌이 붕당의 시비와 학정의 폐단을 논한 상소문

47) 위와 같음

48) 「선조실록」, 선조 18년(1585) 5월 28일 의주 목사 서익이 정여립의 처신을 비판하고 이산보 · 박점 등의 성품을 상소하다

49) 「인조실록」, 인조 7년(1629) 윤 4월 12일 이귀가 계미년 풍우록 · 조헌의 병술소를 3권의 책으로 만들어 올리다

50) 「인조실록」, 인조 10년(1632) 9월 13일 이귀가 붕당의 폐해를 논하며 이이를 높이자 예조에서

도 이이의 서찰 간행을 청하다

51) 위와 같음

52) 「선조실록」, 선조 27년(1594) 2월 12일 대신을 인견하여 광녕 순무의 자문 · 왜의 항표의 진위와 공 · 사천을 병사에 충당하는 것 등을 논의하다

53) 위와 같음

54) 위와 같음

55) 위와 같음

56) 「선조실록」, 선조 26년(1593) 10월 22일 임금이 편전에 나아가 대신들과 함께 왜적에 대한 대책 등을 논의하다

57) 이덕일 「유성룡」 P262

58) 「선조실록」, 선조 25년(1592) 4월 28일 징병 체찰사 이원익 등을 인견하고 격려한 뒤, 광해군을 세자로 정하다

59) 위와 같음

60) 위와 같음

61) 위와 같음

62) 위와 같음

63) 위와 같음

64) 신묘당화(辛卯黨禍)는 1591년 좌의정 정철이 세자 책봉을 건의하다가 유배될 때 정철의 당파로 지목된 사람들이 함께 좌천되고 유배된 사건.

65) 「선조실록」, 선조 22년(1589) 12월 16일

66) 「선조실록」, 선조 22년(1589) 12월 15일 조헌이 방면되어 돌아오는 길에 대신을 지적하는 상소를 올리자...

67) 「송천유집」

68) 「선조실록」, 1587년 4월 14일

69) 「수정선조실록」, 1586년 10월 1일

70) 「수정선조실록」, 1587년 9월 1일

71) 「선조실록」, 선조 40년(1607) 5월 13일 전 의정부 영의정 풍원 부원군 유성룡의 졸기

72) 「수정선조실록」, 선조 40년(1607) 5월 1일 풍원 부원군 유성룡의 졸기

73) 「조선왕조실록」, 선조31년(1598) 9월 1일 유성룡을 태학생과 옥당 등에서 탄핵하니 영상을 체차시키다

74) 배동수, 「정여립연구-정치사적 의미와 사상을 중심으로」, 1999년

75) 배동수, 「정여립연구-정치사적 의미와 사상을 중심으로」, 건국대 박사학위 논문, 1999년

76) 우인수, 「기축옥사와 서애 류성룡」, 退溪学과 儒教文化 第55号

77) 김장생, 「대동야승-기축록 속(己丑録続)」, 김장생이 황종해의 서에 답한 서[金長生答黄宗海書]

78) 「선조실록」, 선조 22년 기축(1589) 12월 14일

79) 「선조실록」, 선조 22년 기축(1589) 12월 15일

80) 「선조실록」, 선조 22년 기축(1589) 12월 16일

81) 위와 같음

82) 「서애집(西厓集)」, 서애선생 연보 제1권

83) 「선조실록」, 선조 22년 기축(1589) 12월 16일

84) 「선조실록」, 선조 22년 기축(1589) 12월 9일

85) 위와 같음

86) 「선조실록」, 선조 22년 기축(1589) 12월 8일

87) 「선조실록」, 선조 22년 기축(1589) 12월 12일

88) 「선조실록」, 선조 22년 기축(1589) 12월 14일

89) 「선조실록」, 선조 22년 1591년 7월 5일

90) 위와 같음

91) 위와 같음

92) 「선조실록」, 선조 22년 1589년 12월 15일

93) 「수정선조실록」, 선조 23년(1590) 8월 1일 광국 공신과 평난 공신에게 녹권을 발사하고 대사령을 내리다

94) 「수정선조실록」, 선조 24년(1591) 5월 1일 이발의 가속들이 추죄되자 조헌이 찾아가 이발의 어머니 윤씨를 뵙다

95) 위와 같음

96) 황혁 「기축록」, 기축록 상, 1971년

97) 「기축록 속(己丑錄續)」, 남평 생원 홍최일 등의 소[南平生員洪最一等疏]

98) 「선조실록」, 1589년 11월 8일

99) 「사계전서」, 제2권 / 서(書) 이자상(李子常) 항복(恒福) 에게 보냄

100) 「사계전서」, 제9권 행장(行狀) 송강(松江) 정 문청공(鄭文淸公) 철(澈) 행록(行錄)

101) 「기축록 속(己丑錄續)」, 남평 생원 홍최일 등의 소[南平生員洪最一等疏]

102) 위와 같음

103) 김장생, 「사계전서」, 제9권 / 행장(行狀), 송강(松江) 정 문청공(鄭文淸公) 철(澈) 행록(行錄)

104) 「대동야승」, 기축록 속(己丑錄続), 갑술년 10월 광주 진사 박논 등의 상소

105) 「선조실록」, 1608년 11월 22일

106) 「광해군일기[중초본]」 5권, 광해 1년 2월 5일 丁巳 3번째기사, 지평 한찬남 등이 기축 역옥에

걸린 이발 등을 신원해주기를 아뢰다

107) 김장생, 「사계전서」, 제9권 / 행장(行狀), 송강(松江) 정 문청공(鄭文淸公) 철(澈) 행록(行錄)

108) 이건창, 〈당의통략〉 宣祖朝 一附 光海朝

109) 「수정선조실록」, 선조 22년(1589) 11월 1일 정언신 · 정언지 · 홍종록 · 정창연 · 이발 · 이길 · 백유양 등을 하옥시키다

110) 「대동야승」, 기축록 속(己丑錄續), 갑술년 10월 광주 진사 박논 등의 상소

111) 「선조실록」, 선조 22년(1589) 12월 8일 급제 이발이 역적 정여립과 결탁하였으니 원방에 안치하라는 전교

112) 「선조실록」, 선조 22년(1589) 12월 12일 낙안 교생 선홍복의 집에서 정여립과 통한 문서가 나왔는데 정철 등이 꾸민 일이다

113) 위와 같음

114) 「수정선조실록」, 선조 22년(1589) 12월1일 역당 선홍복을 복주하고, 이발 · 이길 · 백유양 · 유덕수 등은 고문받다 죽다

115) 「수정선조실록」, 선조 22년(1589) 12월 9일 역적과 관련하여 의논이 과격한 사람은 제재하라고 좌상 이산해에게 전교

116) 위와 같음

117) 「수정선조실록」, 선조 22년(1589) 12월1일 역당 선홍복을 복주하고, 이발 · 이길 · 백유양 · 유덕수 등은 고문받다 죽다

118) 위와 같음

119) 「수정선조실록」, 선조 23년(1590) 3월 1일 유성룡을 우의정으로 삼다. 선조실록에는 이조판서 유성룡이 우위정에 오른 날은 1590년 5월 29일로 기록하고 있다. 이를 기준으로 해도 유성룡이 우의정에 오른 뒤 최영경이 추포된다. 통상 위관은 우의정이 맡았다.

120) 「사계전서」, 제9권, 행장

121) 「대동야승」, 기축록 속(己丑錄続), 김장생이 황종해의 서에 답한 서[金長生答黃宗海書]

122) 정순옥 「조선전기 의금부 죄수의 삼복과 의금부 상복 시행 논란」, 『역사학연구』29, 2007

123) 「선조실록」, 선조 22년(1589) 10월 27일 의금부가 정여립을 행형할 때 백관이 서립하도록 청하다

124) 「위키실록사전, 추국(推鞫)」, 『역사학연구』29, 2007

125) 「대동야승」, 기축록 속(己丑錄續), 갑술년 10월 광주 진사 박논 등의 상소

126) 「선조실록」, 선조 27년(1594) 5월 27일 정언 박동열이 최영경의 일로 정철의 죄를 논박할 때는 대신으로 진정시키지 못했다는 것으로 논해야 한다고 아뢰다

127) 「선조실록」, 선조 27년(1594) 5월 27일 대사간 이기 등이 정철의 죄상을 아뢰며 파척을 청하다

128) 「선조실록」, 선조 27년(1594) 5월 27일 지평 황시가 정철의 관직을 추삭할 것과 박동열을 체차할 것을 아뢰다

129) 위와 같음.

130) 「사계전서」 제9권 행장(行狀), 송강(松江) 정 문청공(鄭文淸公) 철(澈) 행록(行錄)

131) 「대동야승」, 기축록 속(己丑錄続), 갑술년 10월 광주 진사 박논 등의 상소

132) 「대동야승」, 혼정편록 〉 혼정편록 9

133) 위와 같음

134) 위와 같음

135) 「선조실록」, 선조 40년(1607) 5월 13일 전 의정부 영의정 풍원 부원군 유성룡의 졸기

136) 위와 같음

137) 「수정선조실록」, 선조 40년(1607) 5월 1일 풍원 부원군 유성룡의 졸기

138) 「서애집」, 서애 선생 연보 제1권

139) 위와 같음

140) 「선조실록」, 선조 22년(1589) 12월 9일 역적과 관련하여 의논이 과격한 사람은 제재하라고 좌상 이산해에게 전교

141) 「선조실록」, 선조 22년(1589) 12월 14일 정암수의 상소가 정철의 손에서 나왔다는 사실이 심희수의 말에 의해 퍼지다

142) 「구사당집」, 구사당속집 제2권, 잡저, 문견록

143) 오항녕, 「유성룡인가 정철인가」, 『너머북스』

144) 「대동야승」, 기축록 속(己丑録続), 이해 가을 진사 유경서 등의 소[是年秋進士柳景瑞等疏]

145) 「선조실록」, 1608년 11월 22일

146) 「수정선조실록」, 24년 신묘(1591) 2월 1일

147) 위와 같음

148) 위와 같음

149) 위와 같음

150) 「선조실록」, 선조 24년 신묘(1591) 8월 8일

151) 위와 같음

152) 「선조실록」, 선조 24년 신묘(1591) 8월 8일

153) 「선조실록」, 선조 24년 신묘(1591) 6월 25일

154) 「수정선조실록」, 선조 24년 신묘(1591) 3월 1일

155) 「수정선조실록」, 선조 24년 신묘(1591) 윤3월 1일

156) 「선조실록」, 선조 24년 신묘(1591) 4월 4일

157) 위와 같음

158) 「선조실록」, 선조 24년 신묘(1591) 4월 11일

159) 위와 같음

160) 위와 같음

161) 위와 같음

162) 「선조실록」, 선조 24년 신묘(1591) 4월 12일

163) 「선조실록」, 선조 24년 신묘(1591) 4월 13일

164) 「선조실록」, 선조 24년 신묘(1591) 8월 8일

165) 「선조실록」,선조 24년(1591) 7월 5일 양사가 정암수의 국문을 반대한 당시 양사를 탄핵하다

166) 「선조실록」, 선조 24년 신묘(1591) 6월 23일

167) 「선조실록」, 선조 24년 신묘(1591) 4월 13일

168) 「수정선조실록」, 선조 24년 신묘(1591) 7월 1일

169) 「선조실록」, 선조 24년 신묘(1591) 8월 13일

170) 위와 같음

171) 「선조실록」, 선조 22년(1589) 7월 3일 황해 감사 한준이 도내에 역질이 발생한 고을을 보고하다

172) 「선조실록」, 선조 20년(1587) 6월 4일 헌부가 전라 감사 한준이 왜적의 형세를 보고 도망갔다며 파직을 청하다

173) 「선조실록」, 선조 20년(1587) 9월 7일 감사로 있을 때 도적 처리를 잘못한 호조 참판 한준과 광주 목사 김행을 파직하다

174) 「선조실록」, 선조 21년(1588) 5월 30일 간원이 재령 군수 박충간은 애민에 뜻을 두지 않아 유망하게 했다며 파직을 청하다

175) 「택당선생 별집」, 제18권 / 서(書) 별지(別紙)

176) 「선조실록」, 선조 22년(1589) 12월 16일 유성룡 · 권극례 · 박충간 · 이축 · 한응인 등에게 관

직을 제수하다

177) 「선조실록」, 선조 24년(1591) 12월 1일 좌상 유성룡이 겸직인 이조 판서 등을 사면해 주기를 청하다

178) 위와 같음

179) 위와 같음

180) 「사계전서(沙溪全書)」, 사계전서 제7권 행장(行狀) 율곡(栗谷) 이 선생(李先生) 행장 하(下)

181) 「선조실록」, 선조 27년(1594) 2월 12일 대신을 인견하여 광녕 순무의 자문 · 왜의 항표의 진위와 공 · 사천을 병사에 충당하는 것 등을 논의하다

182) 「선조실록」, 1589년 7월 3일

183) 「선조실록」, 1589년 7월 3일

184) 「선조실록」, 1589년 7월 3일

185) 「상촌선생집」 제22권 / 서(序) 25수, 송강시집 서(松江詩集序)

186) 「선조실록」, 선조 26년 계사(1593) 12월 21일 전 인성 부원군 정철의 졸기

187) 「선조실록」, 선조 27년 갑오(1594) 5월 2일 지평 황시가 정철의 관직을 추삭할 것과 박동열을 체차할 것을 아뢰다

188) 위와 같음

189) 「수정선조실록」, 26년 계사(1593) 12월 11일 전 인성 부원군 정철의 졸기

190) 「선조실록」, 선조 27년 갑오(1594) 10월 6일, 대사헌 김우옹이 정철 최영경의 일로 파직을 청하다

191) 「선조실록」, 선조 27년 갑오(1594) 5월 27일, 대사간 이기 등이 정철의 죄상을 아뢰며 파척을 청하다

192) 위와 같음

193) 「선조실록」, 선조 27년 갑오(1594) 5월 27일, 지평 황시가 정철의 관직을 추삭할 것과 박동열

을 체차할 것을 아뢰다

194) 위와 같음

195) 「선조실록」, 선조 27년 갑오(1594) 8월 7일, 정업 이시발이 정철을 논죄하는 것을 그만두고 왜적 토벌에 힘쓸 것을 아뢰다

196) 「선조실록」, 선조 27년 갑오(1594) 10월 6일, 장령 이경함이 정철 · 최영경의 일로 파직을 청하다

197) 위와 같음

198) 「선조실록」, 선조 27년 갑오(1594) 10월 12일

199) 「상촌선생집 제29권」, 정지사 정엽 행장(鄭知事行狀)

200) 「선조실록」, 선조 27년 갑오(1594) 10월 13일

201) 「선조실록」, 선조 27년 갑오(1594) 10월 14일

202) 「선조실록」, 선조 27년 갑오(1594) 10월 14일

203) 「선조실록」, 선조 27년 갑오(1594) 7월 27일

204) 「수정선조실록」, 선조 25년(1592) 4월 14일 대간이 대신을 체찰사로 삼아 장수들을 검독하게 하자고 계청하다

205) 위와 같음

206) 위와 같음

207) 「기재사초」, 기재사초 하(寄齋史草下) 임진년(선조 25년, 만력 20년) 임진일록 1(壬辰日錄一)

208) 「선조실록」, 선조 24년(1591) 7월 2일 양사가 정철에게 붙은 황정욱 · 황혁 · 유근 · 윤두수 · 이산보 등을 탄핵하다

209) 「기재사초」, 기재사초 하(寄齋史草下) 임진년(선조 25년, 만력 20년) 임진일록 1(壬辰日錄一)

210) 「수정선조실록」, 선조 25년(1592) 4월 14일 경상 우병사 김성일을 초유사로 삼다

211) 「기재사초」, 기재사초 하(寄齋史草下) 임진년(선조 25년, 만력 20년) 임진일록 1(壬辰日錄一)

212) 「수정선조실록」, 선조 25년(1592) 4월 14일 경상 우병사 김성일을 초유사로 삼다

213) 「기재사초」, 기재사초 하(寄齋史草下) 임진년(선조 25년, 만력 20년) 임진일록 1(壬辰日錄一)

214) 「수정선조실록」, 선조 25년(1592) 4월 14일 경상 우병사 김성일을 초유사로 삼다

215) 「수정선조실록」, 선조 25년(1592) 5월 1일 대간이 이산해의 탄핵을 청하다

216) 「수정선조실록」, 선조 25년(1592) 5월 1일 상이 개성 남문루에 나아가 백성을 위유하고 유지를 내리다

217) 위와 같음

218) 위와 같음

219) 위와 같음

220) 위와 같음

221) 「기재사초」, 기재사초 하(寄齋史草下) 임진년(선조 25년, 만력 20년) 임진일록 1(壬辰日錄一)

222) 위와 같음

223) 위와 같음

224) 「서애집」, 서애선생 연보

225) 「수정선조실록」, 선조 25년(1592) 5월 1일 상이 개성 남문루에 나아가 백성을 위유하고 유지를 내리다

226) 「선조실록」, 5월 3일 삼사가 김공량의 효시를 청하다

227) 위와 같음

228) 「수정선조실록」, 선조 25년(1592) 5월 1일 상이 개성 남문루에 나아가 백성을 위유하고 유지를 내리다

229) 「선조실록」, 1594년 3월 20일 중국에서 식량과 군병을 지원받는 문제 · 흉년으로 백성이 식인하는 문제 등을 대신 등과 의논하다

230) 위와 같음

231) 위와 같음

232) 「수정선조실록」, 선조 25년(1592) 6월 1일 사관 조존세 · 임취정 · 박정현 등이 도망하다

233) 위와 같음

234) 「선조실록」, 선조 25년(1592) 6월 13일 저녁에 신하들을 인견하고 대가의 이어에 대해 논의하다

235) 위와 같음

236) 「선조실록」, 선조 27년 갑오(1594) 10월 29일

237) 「선조실록」, 선조 27년 갑오(1594) 11월 6일, 7일, 8일

238) 「선조실록」, 선조 27년 갑오(1594) 10월 20일

239) 김성일, 「학봉집」, 제4권 / 서(書), 정 체찰사(鄭体察使) 철(澈) 에게 답하는 편지